险时评书系

北大保险时评 2023—2024

郑伟 等◎著

北京大学出版社
PEKING UNIVERSITY PRESS

图书在版编目(CIP)数据

北大保险时评. 2023—2024/郑伟等著. --北京:北京大学出版社,2024. 8. --
ISBN 978-7-301-35354-7

Ⅰ. F842-53

中国国家版本馆 CIP 数据核字第 2024L8Q617 号

书　　名 北大保险时评(2023—2024)
BEIDA BAOXIAN SHIPING(2023—2024)
著作责任者 郑　伟　等　著
责任编辑 李沁珂　李　娟
标准书号 ISBN 978-7-301-35354-7
出版发行 北京大学出版社
地　　址 北京市海淀区成府路 205 号　100871
网　　址 http://www.pup.cn
微信公众号 北京大学经管书苑(pupembook)
电子邮箱 编辑部 em@pup.cn　总编室 zpup@pup.cn
电　　话 邮购部 010-62752015　发行部 010-62750672
编辑部 010-62752926
印 刷 者 北京鑫海金澳胶印有限公司
经 销 者 新华书店
730 毫米×1020 毫米　16 开本　16.75 印张　198 千字
2024 年 8 月第 1 版　2024 年 8 月第 1 次印刷
定　　价 66.00 元

目 录 CONTENTS

理论综合

行业发展与规划

政策与监管

公司经营与市场环境

社会保障与保险

CCISSR 理论综合

2023年中国保险业回眸与思考(上)

郑　伟

2024-01-10

2023年是全面贯彻党的二十大精神的开局之年，是三年新冠疫情防控转段后经济社会恢复发展的一年。在这一年，中央对金融工作作出新部署，保险监管持续加强完善，保险业改革向纵深推进，保险业服务经济社会发展呈现诸多亮点。

一、中央对金融工作作出新部署

（一）组建国家金融监督管理总局

2023年3月，中共中央、国务院印发《党和国家机构改革方案》，与金融保险直接相关的主要包括组建中央金融委员会和中央金融工作委员会，以及国家金融监督管理总局等。

国家金融监督管理总局在中国银行保险监督管理委员会（以下简称“中国银保监会”）基础上组建，于2023年5月18日在京正式挂牌，作为国务院直属机构，统一负责除证券业之外的金融业监管，统筹负责金融消费者权益保护。新的监管机构将全面强化“五大监管”（即机构监管、行为监管、功能监管、穿透式监管、持续监管），消除监管空白和盲区，实现监管“全覆盖、无例外”。组建国家金融监督管理总局是贯彻落实党的二十大精神的重大举措，对于深化包括保险监管在内的金融监管体制改革、加强和完善现代金融监管和保险监管具有重要意义。

（二）中央金融工作会议对保险提出新要求

2023年10月，中央金融工作会议在北京召开，这是1997年以来第六次全国最高层级的金融工作会议，并且首次将会议名称由“全国金融工作会议”改为“中央金融工作会议”，进一步凸显了会议的重要性。会议强调“金融要为经济社会发展提供高质量服务”，要求做好“五篇大文章”（即科技金融、绿色金融、普惠金融、养老金融、数字金融），以及“发挥保险业的经济减震器和社会稳定器功能”。与上次金融工作会议相比，这次会议更加强调从经济社会发展的高度对保险业提出新要求。在中央金融工作会议精神的指引下，保险业应当进一步发挥专业优势，提升风险保障、资金融通和社会管理的能力，做好科技保险、绿色保险、普惠保险、养老保险、数字保险“五篇大文章”，更好地防范和减少各种风险对经济和社会的负向冲击，减轻经济震荡，增强社会稳定性，为中国式现代化提供有力的保险支撑。

中央金融工作会议召开之后不久，2023 金融街论坛年会上传递出金融管理部门的声音："保险业发展潜力巨大。"过去三年虽然中国保费收入年均增速高出全球平均增速 4 个百分点，但人均保费只有全球平均保费的七成，还有很大的提升空间。我们知道，在新一轮全面深化改革中，构建高水平社会主义市场经济体制是重要内容，高水平社会主义市场经济需要高质量的保险业作为有力支撑，潜力巨大的中国保险业未来可期。

二、保险监管持续加强完善

（一）加强消费者权益保护

深刻把握金融工作的政治性、人民性在保险领域的一个重要体现就是保护好保险消费者的合法权益。2023 年，国家金融监督管理总局坚持以人民为中心的价值取向，组织开展"3·15"消费者权益保护教育宣传周、"金融消费者权益保护教育宣传月"活动，公布《保险销售行为管理办法》（国家金融监督管理总局令 2023 年第 2 号）、《一年期以上人身保险产品信息披露规则》（银保监规〔2022〕24 号），开展"睡眠保单"清理专项工作，取得了良好的效果。

第一，规范保险销售行为。2023 年 9 月，国家金融监督管理总局公布《保险销售行为管理办法》（自 2024 年 3 月 1 日起施行，以下简称《销售办法》）。其基本背景是，近年来监管部门收到了大量因保险销售不规范导致的纠纷投诉，这说明销售不规范是侵害保险消费者权益的重要原因之一。针对此问题，《销售办法》希望从问题源头出发，明确谁能销售、怎么销售、需要履行哪些义务等，并将保险销售行为分为销售前、销售中和销售后3个阶段，区分不同阶段特点并分别加以规制，目的是规范保险销售行为，统一保险销售行为监管要求，更好地保护保险消费者的合法权益。

第二，调整产品信息披露规则。产品信息披露是规范保险销售行为的重要内容，2023年1月，中国银保监会印发《一年期以上人身保险产品信息披露规则》(自2023年6月30日起施行，以下简称《披露规则》)，明确了不同设计类型(普通型、分红型、万能型、投资连结型、其他)人身保险产品信息披露的具体要求。值得关注的是，《披露规则》全面下调了产品演示利率，将分红型、万能型产品原有的高、中、低三档演示利率中的高档利率取消，调整为中、低两档；将万能型中档演示利率从4.5%调降为4%；将投资连结型的高、中、低三档演示利率从7%、4.5%和1%分别调降为6%、3.5%和1%。这些调整顺应了市场利率长期走低的趋势，也有利于合理引导保险消费者预期。同时，《披露规则》首次要求保险公司披露分红型产品的红利实现率，以提升产品透明度，更好地保障消费者的知情权。

第三，唤醒"睡眠保单"。"睡眠保单"清理专项工作是国家金融监督管理总局开展的"为民办实事"专项行动之一。所谓"睡眠保单"主要是指保险事故发生或保险合同到期但尚未领取赔偿或满期给付保险金，以及保险合同效力中止或效力终止但尚未领取现金价值的保单。监管机构从两方面入手，一方面督促保险公司就"睡眠保单"对相关客户进行提醒，另一方面提醒消费者通过"睡眠保单"一站式信息查询平台(已于2023年12月13日正式上线)与所属保险公司取得联系，通过"双向奔赴"

共同唤醒消费者的“沉睡权益”。

（二）与时俱进完善监管

保险监管不是一成不变的，而是需要与时俱进地完善。2023年，监管机构加强对保险公司实施两个新会计准则的监管，在偿二代二期框架下优化偿付能力监管标准，并启动认定国内系统重要性保险公司，这些都是保险监管与时俱进的体现。

第一，加强实施新会计准则监管。从2023年1月1日起，上市保险公司实施《企业会计准则第22号——金融工具确认和计量》（财会〔2017〕7号）以及《企业会计准则第25号——保险合同》（财会〔2020〕20号，以下简称《新保险合同准则》）两个新会计准则，2026年起将有更多非上市保险公司实施新会计准则。监管机构表示，将按照《关于进一步加强财会监督工作的意见》要求，加强对保险公司实施两个新会计准则的监管力度，推动保险业持续回归保险保障本源，实现高质量发展。我们知道，保险经营的特殊性导致了保险会计的特殊性，甚至使得保险会计被视为“异端会计”，两个新会计准则特别是《新保险合同准则》是反映保险公司财务状况的新“镜子”，对保险公司的影响巨大，需要持续关注。

第二，优化偿付能力监管标准。2023年9月，国家金融监督管理总局公布《关于优化保险公司偿付能力监管标准的通知》（金规〔2023〕5号，以下简称《通知》），主要内容包括差异化调节最低资本要求、引导保险公司回归保障本源、支持资本市场平稳健康发展、支持科技创新等。总体而言，《通知》适当降低了保险公司的最低资本要求，提高了长期保单未来盈余计入核心资本的比例，可提升保险公司的资本使用效率。在鼓励保险资金入市支持资本市场方面，对于保险公司投资沪深 300 指数成分股，风险因子从 0.35 调整为 0.3；投资科创板上市普通股票，风险因子从 0.45 调整为 0.4；对于投资公开募集基础设施证券投资基金(REITs)中未穿透的，风险因子从 0.6 调整为 0.5。应当说，在新的监管标准下，保险公司拥有了更大的选择投资入市的自由度。

第三，启动认定国内系统重要性保险公司。2023 年 10 月，中国人民银行和国家金融监督管理总局制定了《系统重要性保险公司评估办法》(银发〔2023〕208 号，自 2024 年 1 月 1 日起施行，以下简称《评估办法》)。系统重要性保险公司分为全球系统重要性保险公司(G-SII)和国内系统重要性保险公司(D-SII)，《评估办法》涉及的是后者，即 D-SII。2013 年国际保险监督官协会(IAIS)首次发布 G-SII 评估办法，金融稳定理事会(FSB)公布首份 G-SII 名单。2013—2016 年，FSB 每年都会公布 G-SII 名单(每年 9 家保险公司上榜，中国平安保险集团是其中唯一的中国机构)，2017 年之后由于一些反对声音，FSB 暂停更新认定 G-SII。2023 年 4 月，IAIS 发布《保险业系统性风险整体框架执行情况评估报告》，表示虽然国际组织暂停认定 G-SII，但仍鼓励各国认定各自的 D-SII。我国建立 D-SII 评估认定框架，明确了参评公司范围、评估指标和权重、评估流程等，对于加强系统重要性保险公司监管、完善宏观审慎管理、强化金融稳定保障体系具有重要意义。

2023年中国保险业回眸与思考(下)

郑　伟

2024-01-17

三、保险业改革向纵深推进

(一)财产保险:开展风险减量服务

2023年1月,中国银保监会办公厅发布《关于财产保险业积极开展风险减量服务的意见》(银保监办发〔2023〕7号),要求各公司在责任保险以及车险、农险等各类财产保险业务中积极提供风险减量服务,积极协助投保机构开展风险评估、教育培训、隐患排查、应急演练、监测预警等风险减量工作。各地积极行动,开展了房屋安全“保险补偿＋设备监测＋人工巡查＋预警处置”等试点，以“保险＋气象”强化农业保险风险减量服务，推动重点产业链公司防灾减损，助力高危行业安全生产等，取得了较好的效果。

我们知道，保险的一个基本功能是经济补偿，但保险的功能并不局限于此，保险这根纽带将被保险人与保险人紧密联系在一起，使二者成为“命运共同体”，风险减量服务不仅对被保险人有价值，对于保险人也同样具有积极意义。在改革开放初期，防灾减损这一典型的风险减量服务曾是保险经营的题中应有之义，遗憾的是随着市场主体的增多、市场竞争的加剧，风险减量逐渐弱化了。令人欣慰的是，近年来财产保险业积极开展防灾减损工作，风险减量服务有了起色，这将助力保险从“事后补偿”向“事前预防”和“事中响应”延伸，更好地服务实体经济。

（二）寿险：下调预定利率，推行“报行合一”

2023 年 3—4 月，监管机构召集了几场寿险公司会议，根据会议精神，对寿险公司新开发产品的定价利率上限进行下调，其中普通型寿险预定利率上限从 3.5％下调至 3％，分红型产品和万能险产品的保证利率上限则分别下调至 2.5％和 2％。2023 年 8 月，多家寿险公司完成新旧产品切换，将普通型寿险预定利率下调至 3％以下。我们知道，预定利率是寿险费率厘定的重要因素，在近年利率下行的大背景下，下调寿险预定利率对于防范利差损风险具有积极意义。20 世纪 90 年代末，随着银行利率持续下行以及邻国日本多家寿险公司因利差损而接连破产，寿险利差损风险成为当时业内关注的热点问题之一。二十多年过去，在当前低利率市场环境下，虽然总体而言寿险产品的实际利率与预定利率的数值之差不算太大，但是因为寿险业体量比二十多年前增大了许多，所以资产负债匹配问题更加突出，如果不及时引导寿险预定利率下调，将可能带来较大的利差损风险隐患。

2023 年，监管部门向寿险公司下发了多份文件，力推“报行合一”，率先在银保渠道启动，之后还将在个人代理渠道、经纪代理渠道全面推行。据初步估算，银保渠道的佣金费率较之前平均水平下降了 30%左右。推行“报行合一”，一方面是为了整治市场乱象，规范竞争秩序，另一方面对于防范寿险费差损风险也具有积极意义。同时，在费用管理方面，哪些应当交由市场决定、哪些应当由政府监管，也是一个值得思考的问题。

（三）重启精算师职业资格考试

2021 年 12 月，《国家职业资格目录（2021 年版）》将精算师纳入水平评价类职业资格。2023 年 7 月，国家金融监督管理总局、人力资源和社会保障部制定了《精算师职业资格规定》和《精算师职业资格考试实施办法》（金规〔2023〕3 号），10 月 21—25 日，纳入《国家职业资格目录》后的首次精算师职业资格考试在北京、上海、天津等 9 个城市同步举行，全国共有 5 000 余名考生报考。

精算是保险的“硬核”技术，精算师是运用数据分析技术，对风险进行识别、预测和管理的专业人员，在保险经营、风险管理、社会保障等方面发挥着重要作用。2023 年重启中断数年的精算师职业资格考试，回应了行业的关切，对于金融保险业的专业化发展具有重要意义。此次精算师职业资格考试的一大亮点是对其专业类别进行了优化，将原先正精算师级别的两个专业类别(寿险、非寿险)调整为 7 个专业类别(寿险、非寿险、健康险、社会保险与养老金计划、金融风险管理、资产管理、数据科学)。调整之后的精算师专业类别,不再局限于商业保险,而是拓展至社会保险、金融资管、数据科学等领域,有利于满足经济社会发展的新需要,也有利于推动我国精算职业发展进入新阶段。

四、保险业服务经济社会发展呈现诸多亮点

(一)启动灾害应急响应,提升理赔质效

2023 年 7—8 月,华北、黄淮等地出现极端降雨,引发洪涝和地质灾害。2023 年 12 月,甘肃临夏州积石山保安族东乡族撒拉族自治县发生 6.2 级地震。灾情发生后,国家金融监督管理总局指导相关监管局、保险机构立即启动应急响应机制,开通灾害理赔绿色通道,坚持“特事特办、急事急办”原则,并通过科技赋能最大限度优化、简化理赔流程和手续,全力提升理赔服务质效,确保应赔、尽赔、快赔。据悉,保险业对洪涝受灾地区赔付金额已超 100 亿元,对灾后重建起到了重要作用,得到了有关方面的充分肯定。

同时需要注意的是,从国际比较看,我国灾害风险保险覆盖率仍处于较低水平。我国没有公布直接可比的自然灾害经济损失的保险覆盖率,但通过一些数据可以管中窥豹,比如 2021 年 7 月河南省暴雨灾害损失的保险覆盖率约为 10%,这一保险覆盖率不仅远低于美国 2022 年 60%的水平,而且也远低于全球 2022 年 45%的平均水平。在极端气候事件呈多发、频发态势的背景下,一方面,中国保险业应当积极提高灾害风险保险覆盖率,减缓自然灾害对经济社会的负面冲击,更好地发挥保险业的

经济减震器和社会稳定器功能；另一方面，随着保险覆盖率的提高，如何提高保险公司应对灾害风险的能力，如何对保险业的灾害相关风险进行有效监管，确保保险业自身的长期稳健发展，也是一个重要议题。

（二）支持养老事业发展

国家金融监督管理总局2023年8月公布《关于个人税收递延型商业养老保险试点与个人养老金衔接有关事项的通知》（金规〔2023〕4号），有序推进税延养老保险试点与个人养老金衔接；2023年10月公布《关于促进专属商业养老保险发展有关事项的通知》（金规〔2023〕7号），将专属商业养老保险从试点转为正常业务；2023年11月公布《养老保险公司监督管理暂行办法》（金规〔2023〕13号），引导养老保险公司聚焦养老主业，实现高质量发展。此前，中国银保监会办公厅还于2023年3月公布《关于开展人寿保险与长期护理保险责任转换业务试点的通知》（银保监办发〔2023〕33号），提出适用不同人群的两种责任转换方法，提升长期护理保险供给能力。

这一系列动作均指向保险业支持养老事业发展。我国养老事业发展面临几个背景：一是老龄化速度快，对养老保险和养老服务的需求激增；二是疾病谱发生变化，疾病慢性化，对长期护理保险和长期照护服务的需求激增；三是国家提供的基本保险只能保基本，难以满足不同群体的多元化需求；四是少子化导致家庭小型化（甚至单人化），使得家庭的养老、照护供给功能弱化。因此，未来养老保险、长期护理保险、养老服务、长期照护服务均面临需求激增但供给弱化的矛盾，这对保险业增加相关保险和服务供给、支持养老事业发展均提出了新的要求。

（三）支持“一带一路”走深走实

2023年是共建“一带一路”倡议提出十周年。十年来，中国保险业持续为共建“一带一路”提供保险保障。截至2023年6月末，6家中资保险机构在8个共建“一带一路”国家设立了15家境外分支机构；“一带一路”再保险共同体（包括中国再保险集团、人保财险等23家中外保险、再保险公司）累计承保“一带一路”项目74个，保障境外总资产570亿元人民币。同时，作为我国唯一的政策性保险公司，中国信保2023年1—11月累计对共建“一带一路”国家出口和投资2152亿美元，向公司和金融机构支付赔款超14亿美元。

“一带一路”倡议的目的，是借鉴古丝绸之路，以互联互通为主线，同各国加强“五通”（政策沟通、设施联通、贸易畅通、资金融通、民心相通），为国际经济合作打造新平台。我们知道，共建“一带一路”的过程并非风平浪静，而是伴随着各种风险。由于“一带一路”沿线大多是新兴经济体和发展中国家，风险水平处于相对高位，我国公司在与这些国家开展经贸合作时面临着不少新的风险和挑战。下一步，深化“一带一路”国际合作，推动共建“一带一路”向更高水平、更高质量发展，对保险业包括商业保险和政策性保险都提出了更高的要求，保险业应当以自身的高质量发展为“一带一路”第二个十年的新发展贡献更大的力量。

改善经济结构　降低经济风险

贾　若

2023-02-24

经济的结构性问题是经济运行中深层次、长期性、制度性的内在机制问题，与可以通过财政政策和货币政策调节的周期性和总量性问题不同，结构性问题通过中长期孕育经济风险，需要通过深化改革的方式加以解决和防范。

国民经济的结构性问题，归根结底是经济资源配置效率偏低的体现。结构性问题产生的原因是多方面的，既有国际、国内政治经济形势发生变化的影响，也有科技加速发展和国际、国内消费、供给升级变化的内生原因。说到底，国民经济的结构性问题是可能诱发经济系统性风险，涉及国家政策导向、战略布局和战略政策调整的重大问题。

本文就未来一段时间内，可能涉及经济结构和经济风险的问题进行参考性分析。

第一，食品、能源、住宅等大宗民生相关商品的供给和价格稳定问题。近年来，我国市场中若干与民生高度相关的商品价格波动较大。影响较大的商品价格波动事件包括猪肉价格波动，以煤炭价格上涨为代表的大宗商品和能源价格波动，以及本轮住宅市场深度调整。影响供给和价格稳定的原因是多方面的，既有自然灾害、新冠疫情、国际形势等外部冲击因素，也有相关市场发育不健全、不充分、不规范的市场结构性问题，同时也存在相关政策在执行过程中因“一刀切”而顾此失彼的体制性、政策性问题。具体而言，猪肉价格波动的部分原因来自地方对于环境污染、猪瘟疫情防控的限制性政策，部分地区缺电现象的原因之一在于“市场煤、计划电”的矛盾限制了价格机制在下游电力市场发挥作用，房地产深度调整的部分原因在于其上游土地要素市场发育不完善、供给主体单一、城乡和地区土地市场分割严重、政策执行不到位等。

第二，以老龄化加速为特征的人口结构变化，将深刻影响经济和产业结构。老龄化加速是未来30年我国面临的人口结构现实，劳动力价格上涨，劳动力供给的结构性短缺(比如技术工人、健康照护服务等)将日益显现，对劳动密集型经济的发展构成挑战。同时，老年人口比重增加，对消费持续增长的压力也逐步增大，对高质量养老、适老产业的规范发展提出新的要求。另外，作为应对老龄化重大国家战略调整的鼓励性生育政策，对劳动力市场的效果存在20年左右的滞后期，远水不解近渴；20年内，鼓励性生育政策如果使被抚养人数量快速增加，反而会进一步加重社会抚(扶)养负担，让本已严重的老龄化加剧问题雪上加霜，对经济增长构成更大冲击。

第三，区域发展不平衡问题加剧。近年来，基于自然禀赋或治理因素的区域发展不平衡，导致各区域经济增速差距持续扩大，特别是新冠疫情暴发以来地区间地理位置和治理水平的差异，导致区域经济发展不平衡的问题进一步凸显。东北、西北等地区由于社会治理水平与其他地区存在差距，不得不以更大的经济代价来控制新冠疫情蔓延，长此以往，资本和劳动力会进一步向社会治理水平高的地区聚集，进一步拉大区域发展差距。同时，一些地方干预经济运行的行为，损害了市场主体对地区经济发展的信心，破坏了国内统一市场的秩序，也加剧了区域发展不平衡问题。

针对我国经济中存在的上述结构性问题和经济风险，本文提出如下参考性政策建议。

第一，加快土地和劳动力要素的市场化改革。明确构建城乡一体、省市互济的全国一体化建设用地使用权交易市场的长远目标，分步实现城乡建设用地使用权、省市建设用地指标、存量和增量建设用地均可入市、可交易的建设用地使用权交易市场。同时，探索在建设用地范围内，付费的市场化变更土地用途的方式和途径。在放开建设用地使用权交易的同时，应当严格禁止侵占永久基本农田，严格管控土地用途和建设规划，防止擅自改变土地用途等乱象。在促进劳动力和人力资本市场化方面，国家需要重申基本公共服务社会化、均等化改革方向，将住房、医疗、教育、养老等公共服务事项与单位脱钩，促进劳动力自由流动。除特定级别和领域的公职人员外，应当逐步改革人事档案制度，或者明确人事档案由地方政府管理而非单位管理，构建平等的、合同化的雇主雇员关系，改革单位与员工之间管理与被管理的劳动人事关系，提高劳动人事相关的司法运行效率和执行力。

第二，降低各类市场的交易成本，维护市场交易秩序。从发挥市场决定性作用的高度出发，政府应当更好地发挥维护市场交易秩序、便利化市场交易、降低交易成本的作用。在房地产市场价格长效机制建立之后，政府应尽快取消限制市场发挥作用、推高房产交易成本的各类行政管制措施。最根本的是，国家需要制定相关法规，专项清理和规范各类市场中，由地方政府和行业部门设立的推高交易成本、设置交易条件、限制交易行为的政策措施，规范限制市场决定性作用和行政配置资源相关政策的设置权限，这是更好发挥政府作用的题中应有之义。

第三，构建标准化的"经济友好型"公共治理模式。一方面，规范地方政府行为，推动经济欠发达地区的市场化改革，提升地方治理能力，必须加强党的集中统一领导。中央的政治决断和政治推动，是解决区域发展不平衡加剧问题的决定性因素。区域发展之所以落后，归根结底还是市场化水平低。地方政府治理能力有待提高的结构性问题，仅靠加大对相对落后地区的投资力度和政策优惠力度等周期性、总量性措施无法从根本上解决。结构性问题应当用深化改革(市场化改革)的思路来解决。另一方面，随着气候变化加速导致自然灾害频发、传染病疫情常态化等外部冲击，国家需要调整和发展"经济友好型"的应急管理和社会治理模式。"治大国若烹小鲜"，这就要求行政管理措施按程序规范使用，统筹平衡经济发展、疫情防控、碳达峰、碳中和等多方面的政策目标。

化解地方债务风险　促进经济健康发展

朱南军

2023-06-14

当前我国地方政府债务问题备受关注的原因，一是由地方城投平台等举债、政府提供担保或承担实质偿还义务的债务规模较大，二是未来几年我国还将面临较为严峻的债务集中到期形势。当前需要厘清地方政府债务风险对区域金融风险的影响机制，针对地方政府债务风险做好有针对性的防范工作，保障我国经济长期健康发展。

地方举债规模过大可能引致两方面的风险：

一是可能直接引致政府财政风险，大规模

的债务违约可能进一步引发信用危机，产生从地方债务风险到政府财政及信用风险的传导外溢。地方政府依靠财政担保，借助地方融资平台等变相举债，所形成的隐性债务规模具有极大的隐蔽性。由于项目偿债规模、周期等信息的隐秘性与交错性，地方政府又无标准化的信息系统予以统计并进行预算管理，很容易造成债务风险管理疏漏。一旦遭遇短期大规模集中偿付，财政储备较弱的地方政府就很容易发生流动性危机。此外，当前隐性债务资金投资项目质量参差不齐，部分项目回收收益现金流稳定性较弱，这些都加剧了地方政府偿付到期债务的不确定性。一旦地方政府债务偿付发生期限错配的流动性紧张，叠加经济下行压力增加政府财政收支压力，就可能直接导致财政困难，引发本级政府的财政风险。而由于我国地方政府发行债务多具有准政府信用特征，地方债务偿付与政府信用紧密相连。一旦区域内集中爆发债务违约，而又无法得到快速妥善解决，就会对地方政府信用造成严重影响，甚至可能影响新债发行，形成债务危机的恶性循环并导致风险的自我强化。

二是商业银行持有大量地方债务，提升了地方债务风险向以银行体系为主导的金融风险转化的可能性。据统计，地方债投资者结构中商业银行占比85%以上，而其中又以抗风险能力较弱的区域性中小银行为主。对于银行体系来说，地方债务尤其是隐性债务交错复杂，风险敞口、风险期限结构等均难以进行准确估算，导致银行难以有针对性地进行流动性管理。此外，资金使用不规范的问题普遍存在，银行业当前仍然缺乏对贷款资金的使用进行跟踪约束乃至对风险进行实时监控的能力；资金期限也可能存在错配，当前地方债主要投资于基建等项目，资金需求量一般偏大、期限也相对较长，容易引发长短期流动性错配风险。综上，由于地方债务尤其是隐性债务具有强信息不对称、长期限结构等属性，区域性中小银行的流动性管理能力又相对较弱，叠加地方政府财政收入增速呈现放缓态势，因此债务风险相比以往将更容易爆发，进而可能导致银行体系乃至整个金融系统都受到债务风险外溢的威胁。

对于上述两类风险传导问题，本文提出化解措施如下：

针对地方债务风险向政府财政及信用风险溢出，应加快政府信用剥离与信用制度建设。第一，需要加快融资平台与政府信贷间的分离。当前的顶层规章制度设计已划清地方融资平台与地方政府的界限，未来还需要进一步落实顶层设计、规范融资平台公司行为。例如，承担政府融资职能的融资平台不得以政府信用融资，严禁新设具备政府融资职能的融资平台。此外，通过加大优质资产注入，进一步推进融资平台市场化转型，提高市场化融资运作能力。同时，调动社会资本参与的意愿和力量，引入市场化力量，加快地方融资平台功能的转变。第二，需要加快建立地方政府信用评级制度。政府信用在经济可持续发展和社会稳定等方面承载着重大市场预期，一旦政府无法偿债、出现违约失信，就可能引发一系列连锁反应甚至是政府信用危机。构建反映政府信用的指标体系，并以此作为“预警信号”，将有助于市场充分认知各地方政府信用水平，起到稳定市场预期的作用。因此需要完善地方政府综合财务报告，逐步建立良好的债务信息披露制度，使市场对政府当前债务规模、存量债务偿付及风险敞口等关键问题有一定感知与合理预期，从而消除市场不合理担忧与不必要恐慌，防止恐慌情绪加深风险的程度、扩大风险的范围甚至引发更严重的风险外溢。

针对地方债务风险向以银行体系为主导的金融风险的外溢，需要从化解存量、控制增量两方面努力。存量债务方面，应敦促地方隐性债务透明化,减少信息不对称。要求地方政府对隐性债务信息如实上报,配合银行体系进行持有地方债务情况摸底。基于地方债务规模、期限结构等信息,政府应督促相关银行做好风险敞口统计与应急处置方案制定,并将风险敞口较大的银行列入系统重要性目录,及时监控预警。此外,当前一些金融机构普遍认为地方政府不会破产、地方债务兑付刚性。与此同时,政府项目一般融资规模大、利率弹性小,容易迅速提高单位经营业绩和个人业绩奖励。以上各因素都促使相关业务人员蜂拥至地方债项目,而没有按照市场化原则严格评估风险,从而大大放松了风控要求。因此,还需要逐步纠正金融机构普遍认为的地方债务刚性兑付的定式思维,减轻金融机构道德风险,敦促业务人员严格审核、审慎放贷。新增债务方面,在加强对地方金融机构的经营监管、打破政府兜底幻想的同时提升自身抗风险能力。首先,由于地方财政在城市商业银行中居于控股的地位,再加上当地公司又多为国有机构,与地方政府关系密切,实际上地方政府多掌握着地方商业银行的绝对控股权。因此,对于地方商业银行对政府的贷款,需要强化监督以规范化经营,对地方银行肆意借债的违规操作进行限制乃至追责。其次,地方金融机构往往认为地方债务项目具备刚性兑付属性,认为地方政府最终会想方设法对债务进行兜底,这导致地方银行在项目风险识别等环节有疏于防范的心理。因此,需要对金融机构进行市场教育,逐步打破金融机构对地方政府担保与兜底的固有观念,使金融机构意识到要承担风险、从而更重视项目风险控制,将不合规的举债项目充分排除。最后,要求金融机构提高流动性管理和专项应急准备金储备,建立审慎管理框架和风险应急处置机制,及时应对和化解风险。

充分发挥保险业保障功能

锁凌燕

2023-11-01

中央金融工作会议强调，高质量发展是全面建设社会主义现代化国家的首要任务，金融要为经济社会发展提供高质量服务。在“完善机构定位”部分，指出要“发挥保险业的经济减震器和社会稳定器功能”，凝练概括了保险业工作的定位和方向。

减震器和稳定器，是我们日常生活中不可或缺的装置。而保险作为一项精巧的制度发明，通过提供风险保障、风险减量管理以及金融服务三大主要功能，发挥减缓吸收外部冲击、减轻震动带来的负面影响、提升安全感和体验感、稳定预期的作用,是重要的经济减震器和社会稳定器。

一是风险保障。保险以精算技术、法律体系为稳健经营基础,在全社会乃至全球范围内汇集和分散风险,以保障风险事故发生时个体可以按合同约定得到相应的确定性经济补偿,使得经济主体不会因为偶然的风险损失丧失未来的发展能力,还可以熨平意外损失可能带来的系统内部扰动。这是保险区别于其他金融产品最本质的属性。伴随经济发展和社会进步,经济活动产出显著增加,人口及财富集聚、经济密度不断提升,意外事故造成的经济损失也不断扩大。根据应急管理部公布的数据,2023 年前三季度我国各种自然灾害就造成 8 911.8 万人次不同程度受灾,造成直接经济损失 3 082.9 亿元,保险作为经济安全网的重要性更为凸显。数据显示,2019—2022 年,我国保险业为社会提供保险保障金额增长 111.4%,提供保险赔付金额增长 20.1%,提供风险保障的能力持续提升,已经成为多层次社会保障体系中越来越重要的组成部分。

二是风险减量。保险作为公司和家庭的风险损失“埋单人”,天然具有控制损失成本的功能,能够借助合同设计和专业能力,激励并帮助客户降低风险、规避损失,降低风险事故致损频率和减轻后果,形成保险业、消费者和社会多方共赢的局面,有效减少意外冲击。进入现代社会,随着社会功能分化、复杂性不断提升,风险种类不断增多,风险形成机制和传导机制日趋复杂化,风险管理的精细化、专业化要求不断提高。保险业在经营中不断累积数据和风险管理经验,能够更好地理解风险发生及传导机理,对风险链条的关键环节进行积极干预,帮助家庭和公司不断提升风险控制能力。一个典型例证是，人身险行业积极向消费者提供健康教育、健康促进、健康体检、慢病管理、便民就医等服务，助力“健康中国”战略落地、减轻医疗费用压力。根据中国保险行业协会数据，2022 年保险业投入防灾减灾资金约 2.34 亿元，发送预警信息约 7 574.74 万人次，排查公司客户风险约 11.78 万次，减少灾害损失约 22.77 亿元。

三是金融服务。基于风险保障功能，保险业将大量小额资金汇集为巨额保险资金池，成为现代金融体系的重要组成部分。作为契约型金融机构，保险公司的资金来源由保险合同约定，相对稳定，并可以对未来年度中需要向受益者支付资金的规模和时间做出准确的预测，这使保险公司具备了更长期的投资视角、更稳健的投资目标和相应的跨期风险管理能力，是资本市场上重要的机构投资者。近 10 年来，保险资金平均收益率在 5%左右，行业资金配置结构稳健，风险抵御能力较强，波动幅度远小于其他机构投资者。截至 2022 年年末，保险业发挥保险资金长期稳定优势，累计为实体经济融资超过 21 万亿元，其中，为乡村振兴战略、区域协调发展战略投资 5.2 万亿元。这既对于稳定消费者预期有积极作用，也对金融市场的结构完善与稳定具有重要意义。

作为经济减震器和社会稳定器，保险业被赋予了更加重要的历史责任。行业需要聚焦主责主业，秉持系统观念，面向社会经济主战场挖掘增长潜力，释放增长活力，更好地履行社会责任。

以高质量保险服务助力实体经济质效提升

锁凌燕

2023-11-22

2023年10月召开的中央金融工作会议(以下简称"会议")重点提出三个"着力":着力营造良好的货币金融环境,切实加强对重大战略、重点领域和薄弱环节的优质金融服务;着力打造现代金融机构和市场体系,疏通资金进入实体经济的渠道;着力推进金融高水平开放,确保国家金融和经济安全。其中,在"完善机构定位"部分明确提及"保险",提出要"发挥保险业的经济减震器和社会稳定器功能",并对保险业服务经济社会发展提出了全面综合且高标准的工作要求。

一、需求聚焦主责主业，做好经济减震器和社会稳定器

会议对现代金融机构和市场体系的要求，进一步厘清了现代金融机构和市场体系中各类主体的定位和作用。近年来，对保险业功能的讨论逐步形成了一个朴素共识，即“保险姓保”，这是因为从保险的起源及其发展历程来看，经济补偿始终是其最本质的功能，最能真正体现保险的价值。保险业作为专门经营风险的行业，在风险损失后提供补偿，“雪中送炭”地帮助经济主体不至于因为偶然的风险损失丧失未来的发展能力，从而得以复原并持续成长，在全社会构筑起了“安全网”。同时，保险公司出于降本增效的考虑，会积极减少风险因素、降低风险载体的脆弱性，通过提供风险管理咨询、加强防灾防损监督和指导等风险减量服务，提高投保人的风险管理意识和风险管理水平，做到“雨前送伞”，降低其脆弱性和波动性。

在“保”的基础上，保险也促进了金融体系的完善与稳定。一方面，作为契约型金融机构，保险公司汇集了相对稳定的、长期的资金，对于促进投资、加快资本的形成具有相当重要的意义；另一方面，作为机构投资者，保险公司具备了更长期的投资视角、更稳健的投资目标和相应的跨期风险管理能力，对金融市场的结构完善和稳定具有重要意义。

综合来看，保险业在现代经济体系中具有独特且重要的经济减震器和社会稳定器功能，未来须持续聚焦主责主业，切实履行好稳定经济发展、服务民生保障、防范系统风险等制度责任。

二、切实加强对重大战略、重点领域和薄弱环节的优质保险服务

会议对优质金融服务的要求，从总量上看，是提供合理充裕

的流动性，通过提升金融资源使用效率，进一步降低实体经济的实际融资成本；从结构上看，是加强对重大战略、重点领域和薄弱环节的优质金融服务。会议明确提出要做好科技金融、绿色金融、普惠金融、养老金融、数字金融“五篇大文章”，即服务中国式现代化的重点领域——“科技”“绿色”“数字”，建设现代化产业体系的重点领域；“普惠”是促进包容性发展、迈向共同富裕的题中应有之义；“养老”则是我国巨大规模的人口发生结构性转变过程中的民生关切。对保险业的高要求至少可以概括为以下三个层面。

从现代化产业体系建设来看，当前全球产业体系和产业链、供应链呈现多元化布局、绿色化转型、数字化加速的发展态势，要推动短板产业补链、优势产业延链、传统产业升链、新兴产业建链，离不开“科技”“绿色”和“数字”助力；而这些新兴领域的发展，需要在新经济、新产业领域或新技术、新工艺、新模式等方面寻求创新突破，一般具有突出的人才密集、技术密集、知识密集等特点，不仅面临涉及人、财、物损失的传统风险，还面临更高的与数据资产、知识产权相关的新兴风险；不仅涉及研发与生产过程可能中断的风险，还涉及产业化过程被阻滞，甚至中断的风险等，风险管理的强度和难度相对更高。保险业要更积极地通过提供损失补偿来分散风险，探索提供风险评估、隐患排查、监测预警、整改建议等全生命周期的风险控制服务来降低风险，进而在促进公司稳定经营的基础上改善其融资条件、降低融资成本。

从共同富裕的要求来看，经过多年发展，我国普惠金融取得长足进步，保险业在长尾市场上的保障作用正日益凸显。例如，大病保险业务从 2012 年成立以来，至 2022 年已覆盖 12.2 亿城乡居民，累计赔付超过 6000 万人次；惠民保虽然发展时间不长，但截至 2021 年年末，其覆盖人群已经超过 1.4 亿人次……不容否认的是，普惠保险在覆盖的广度和深度、服务效能等方面仍然存在诸多短板。2023 年 10 月发布的《国务院关于推进普惠金融高质量发展的实施意见》(国发〔2023〕15 号)也为普惠保险高质量发展提出了明确要求。总体来看，普惠保险发展的重点在于“增品”“扩面”“增效”“提标”——保险业要通过积极的科技创新和商业模式创新，提高保险服务效率，降低成本，优化服务，拓展对老年人、农民、新市民、低收入人口、残障人士等群体的业务覆盖，借助数字化技术、风险减量管理等，提高业务运行效率、降低运营成本，进而提高普惠保险的可支付性、适度提高保障标准，惠及更多人群。

从老龄化背景下的民生关切来看，面对将在相当长一段时期持续增长的巨量老年人口，营造能够保障有尊严的老年生活的支持性体系，不仅涉及社会公平问题，还关乎稳定与发展全局。伴随多层次、多支柱养老保险体系逐步发展，各界对保险服务美好老年生活的期待也日益高涨。相对于其他金融机构，保险具有突出的长寿风险管理比较优势，未来工作重点也应聚焦于此：一方面，全方位提升产品开发能力和投资管理能力，更积极地探索创新业务模式，例如，开发适应不同人生阶段风险偏好与承受能力的全生命周期型产品，更好地满足消费者在资金积累期对较高收益率的期待、在领取期对稳健可持续现金流的期待；另一方面，积极开拓养老相关服务资源，通过战略合作、资本联合、直接投资等多种渠道，形成与养老健康服务供给者的互动、融合，打造“保险＋”的新型长寿风险管理模式，帮助客户抵御养老关联服务价格上涨的风险、提升养老服务可及性，让未来更加可期。

三、推进高水平开放，确保国家金融和经济安全

会议对金融高水平开放的要求，是着眼于对外开放的基本国策，要求稳步扩大规则、规制、管理、标准等制度型开放，吸引全球资源要素，增强国内国际两个市场、两种资源联动效应。作为我国金融业中对外开放的“排头兵”，保险业经过四十多年的改革开放探索与国际竞争锻造，在规则、规制、管理、标准等制度型开放方面已经达到了较高水平。在当前反全球化的压力之下，服务贸易特别是金融领域的重要性却不降反升。

从需求侧看，国际经验表明，服务特别是技术密集型服务需求的收入弹性是大于 1 的，换言之，伴随经济发展，全球服务需求增加是大趋势。保险业是服务贸易中技术密集程度最高的行业之一，继续推进高质量开放是对外开放进程不断深入的内在要求。此外，伴随“一带一路”高质量发展，中国的机构势必会更深度地参与全球产业分工和合作，我国对外经济往来将以更快的速度增长，资本和劳务输出的规模与地域范围也将进一步扩大，也就越来越需要对东道国的政治环境、经济环境、法律环境、社会文化环境、资源环境等各个方面蕴含的风险有深刻的理解和应对思路，这迫切要求保险业能够与之伴随、积极走向国际市场，支持、服务于中国机构在海外的各种商业活动，提供即时可靠的风险管理和保险保障服务。

经过多年发展，中国已经是世界第二大保险市场，2022 年

在全球市场中的份额为 10.3%，是名副其实的保险大国；但若与世界第一大保险市场美国（同年全球市场份额达 43.7%）相比还存在相当差距，我国保险密度（人均保费）和保险深度[保费收入占 GDP（国内生产总值）比重]世界排名分别为第 42 位和第 38 位，大致相当于美国的 5.5% 和 33.1%、世界平均水平的 53.7% 和 57.4%，还称不上保险强国。迈上全面建设社会主义现代化国家新征程，保险业还需要面向社会经济主战场挖掘发展潜力、释放增长活力，以更好地履行行业责任。

防范化解重大风险的宏观视角

贯　若

2023-12-27

当前和今后一段时期，在全面建设社会主义现代化国家新征程中，中国还面临多方面的重大风险。宏观上看，我国发展进入战略机遇和风险挑战并存、不确定且难预料因素增多的时期，各种“黑天鹅”“灰犀牛”事件随时可能发生。分行业领域看，金融风险、环境风险、国家安全、安全生产风险尤为突出。这些重大风险涉及经济、金融、自然、社会、政治、安全等各个方面，由于社会是一个大系统，这个系统内的不同载体所产生的风险是相互传递、广泛蔓延的，而不仅仅是局限于某一个领域之内。例如，来自自然界的新冠疫情风险，可能诱发经济、社会、政治、安全等各个方面的风险。因此，对于这些风险的管理需要有宏观的、综合的、体系化的视角。

2012年时，我们应对各种重大风险的能力还不强；十余年来，我们经受住了来自政治、经济、意识形态、自然界等方面的风险挑战考验；近五年来，我们有效应对接踵而至的巨大风险挑战，防范化解重大风险，保持了社会大局的稳定。

金融风险方面，当前我们防范金融风险还须解决许多重大问题，守住不发生系统性风险底线，我们要深化金融体制改革，建设现代中央银行制度，加强和完善现代金融监管，强化金融稳定保障体系，依法将各类金融活动全部纳入监管。环境风险方面，党的二十大报告特别强调严密防控环境风险。国家安全方面，我们要完善国家安全风险监测预警体系、国家应急管理体系，以及重点领域安全保障体系，强化经济、重大基础设施、金融、网络、数据、生物、资源、核、太空、海洋等安全保障体系建设；提高防范化解重大风险的能力，严密防范系统性安全风险。安全生产风险方面，我们要推进安全生产风险专项整治，加强重点行业、重点领域安全监管。

其中，金融风险和安全生产风险是长久以来最为重要的问题之一，金融机构偿付能力不足和房地产公司债务危机等金融风险事件，建筑、医院、煤矿、交通等行业的安全生产事故等一旦爆发，往往会由于损失补偿不充分、不及时而进一步引发社会风险，危及社会稳定。

环境风险和国家安全是新时代以来，党和国家识别、关注并重点防范的新型重大风险，与新兴风险(Emerging Risk)的概念相近，但不完全一样；这些风险隐藏较深，缓慢累积，爆发频率不高，但一旦爆发的损失巨大。

管理和应对上述重大风险，一是要坚持党的全面领导；二是要增强忧患意识；三是要主动防范化解风险，加强和完善监管，强化相关安全稳定保障体系建设；四是要建设高素质干部队伍，增强干部防范化解风险的本领，提高防风险、迎挑战、抗打压能力。

保险制度是增进民生福祉、提高人民生活品质的重要工具，是以人民为中心的发展思想的生动实践。商业保险方面，要发展多层次、多支柱养老保险体系，促进多层次医疗保障有序衔接，完善大病保险，积极发展商业医疗保险。社会保险方面，要完善基本养老保险全国统筹制度，扩大社会保险覆盖面，健全基本养老、基本医疗保险筹资和待遇调整机制，推动基本医疗保险、失业保险、工伤保险省级统筹，落实异地就医结算，建立长期护理保险制度，加快完善全国统一的社会保险公共服务平台。

2023年中央金融工作会议强调，经济金融风险隐患仍然较多，要坚持把防控风险作为金融工作的永恒主题。金融领域风险管理的目标，即要坚决打好防范化解重大风险攻坚战、有效防范化解重点领域金融风险；要牢牢守住不发生系统性金融风险的底线，防范风险跨区域、跨市场、跨境传递共振。

为此，金融风险管理制度建设举措如下：健全金融监管机制，建立健全监管责任落实和问责制度；把握好权和责的关系，健全权责一致、激励约束相容的风险处置责任机制；把握好快和稳的关系，在稳定大局的前提下把握时度效，扎实稳妥化解风险；坚决惩治违法犯罪和腐败行为，严防道德风险；对风险早识别、早预警、早暴露、早处置，健全具有硬约束的金融风险早期纠正机制。同时，防范化解金融风险的具体工作有：做好产融风险隔离，及时处置中小金融机构风险，建立防范化解地方债务风险长效机制，规范金融市场发行和交易行为，合理引导预期。

中央金融工作会议强调，发挥保险业的经济减震器和社会稳定器功能。笔者相信，保险制度是未来达成经济持续高质量发展和社会长期稳定两大目标的重要制度工具。

保险制度在防灾减损体系中的作用

贯　若

2024-01-03

风险保障是保险制度的主要功能，但保险制度必须同时具备防灾减损的功能，否则再好的保险保障机制也难以承担任意扩大的损失。防灾减损体系，顾名思义包括防灾防损和救灾减损两个部分，前者是在风险事故发生前，降低其发生概率与可能造成的损失；后者是在风险事故发生后，挽救生命和财产，尽可能降低损失。

保险在制度设计、运营经验、数据和技术积累等方面具有一定优势，理应成为防灾减损体系的重要支柱和动能，助力风险减量。通过保险机制和政策窗口，充分发挥保险业在制度、技术、经验、数据、人员、资金等方面的优势，为投保人提供激励约束、灾害风险监测、灾害数据共享、应急救援参与等多方面支持，提升防灾减损体系整体水平。

一、强化风险预警

保险制度的风险预警功能在防灾体系中起到了重要作用。风险预警系统在经济、政治和公共卫生等风险事件中发挥的作用，对维护社会稳定有极大帮助。有效的风险预警系统除了要有科学的指标体系，更重要的是确定一个预警界限值。风险预警系统还应当在评估其危害性、潜在影响规模和范围的基础上科学确定预警级别，以有效应对风险事件。现有的风险预警系统缺少灵敏、准确的风险预警指标，导致有关部门无法及时发出可靠的预警。

保险业在长期发展中积累了大量的经验数据，或可为风险预警系统建设提供基础。例如，在农业大灾风险管理领域，意大利、西班牙、加拿大、美国等国家均建立了相关的数据库，农业保险为其提供了主要的数据来源与数据分析模型。基于大量的历史数据建立起的各类风险模型，可帮助政府和保险业更好地对相关风险进行预警，提前做出防灾减损安排，充分减少潜在风险损失。

大数据和机器学习方法，能够全面考虑财务指标间的非线性相互作用关系，筛选出最有效的预警指标，突破现行风险预警系统预测不准、预警可靠性低、指标泛滥的瓶颈，进而采取有效的预防措施，预先锁定潜在的风险源，防止预警不灵敏或者不及时导致风险最终演变成社会损失。因此,风险预警系统应当充分利用保险制度积累的技术优势,建立在保险风险大数据、风险评估、风险定价的模型基础之上。

二、设置激励措施

保险制度可以通过提供适当的激励与服务,提升投保人和被保险人的自主防灾减损意识。从激励角度看,保险机制存在一系列设计,能够影响投保人的风险管理行为,激励参保人采取额外的防灾减损措施。免赔额的设计可以降低投保人的参保成本、提供事前防损激励;在有保险机构参与共同代理的重大工程建设中,保险机构和承包商都将采取更为积极的主动风险管理。从服务角度看,保险能够提供风险检查、风险管理流程设计等服务,提升了防灾减损和事前风险管理效率。保险制度应当通过产品设计、损失共担、承担防损减损费用等机制,最大限度地激励参保人投入精力和成本,加强自我防损减损,防止道德风险。

在自然灾害等风险领域,防灾减损体系应当激励潜在风险主体自发防范风险、减少损失,提高整个社会的总体效用水平,而保险制度在激励方面具有天然的优势。针对各类风险,保险制度帮助防灾减损体系实现激励相容。例如,在失业风险管理领域,失业保险在控制失业风险方面发挥了“前所未有”的制度功能,通过稳岗返还保费、留工补助、扩岗补助及职工培训等手段,调控公司用工成本,激励公司主动稳定就业,从源头减少失业,稳定就业市场。

三、提高减损效率

保险制度还可以通过支付防灾减损费用提高风险防控和损

失控制能力。针对防灾减损活动的开展方，保险可以支付必要的防灾减损费用，提升防灾减损效果和救援效率。目前相关方面的研究主要在失业风险和以新冠疫情为代表的传染病风险上。针对失业风险，失业保险可以通过费率调节、稳岗培训等方式从源头对其进行控制。研究发现，及时减轻公司失业保险缴费负担在一定条件下是一项潜在的长效稳岗机制，可以有效降低失业风险。

防灾减损体系中的公共服务系统包括消防救援、公共卫生、公共安全、农业水利等公共管理部门和事业单位，这些组织是防灾防损标准的制定者和监督者，是救灾减损的关键力量。公共服务系统在建设和运营时需要政府主导，但在面临大型风险事件需要大规模资金时，财政资金或面临充足性、及时性等方面的挑战。在各级政府财政压力较大的宏观背景下，探索防灾减损公共服务系统所需资金的补充渠道十分必要。在防灾减损公共服务系统建设中，保险业正在传统风险补偿的基础上，探索建立补充公共服务系统运营资金的常态化机制。

CCISSR 行业发展与规划

风险减量管理撬动保险业高质量发展

锁凌燕

2023-02-17

2023 年 1 月，中国银保监会办公厅发布《关于财产保险业积极开展风险减量服务的意见》（银保监办发〔2023〕7 号，以下简称《意见》）提出，加快发展财险业风险减量服务，提高防灾减灾救灾能力，助力中国经济行稳致远。虽然保险业从事风险减量服务由来已久，其对于保险业也不是新概念，但这次国家以正式的政策文件形式，明确表明对风险减量服务的鼓励与支持，也表明了各界对保险业高质量转型发展方向的期待。

一、从规模到效率

中国保险业自改革开放后恢复经营，势必需要经历从无到有、从小到大、从有到优的过程。在行业规模相对较小时，我们期待保险业更好地发挥其功能作用，主要是希望其能够形成更大、更能抵御风险的风险池，所以自然而然更关注规模指标特别是新增保费规模。在行业规模不断迈上新台阶时，我们就会更关注行业的经营效率，更关注的指标是其提供了多少风险保障，覆盖了多少公司和家庭。而伴随现代化进程不断深入，风险结构日趋复杂，我们对保险业的期待也势必需要进一步升级，不仅要关注其核心的风险保障职能，还要兼顾其派生职能。

“风险减量”就是典型的保险业“派生职能”。教科书对保险的定义，强调保险区别于其他金融产品的、最本质的两个属性：一是“转移”，即将个体面临风险可能带来的经济损失转移至保险机构，风险事故发生时个体可以按合同约定得到相应的确定性经济补偿，从而减轻个人所感受到的“不确定性”；二是“分散”，即保险机构汇聚了大量的个体风险构成风险池，而依据大数定律和中心极限定理，这意味着对风险池整体的损失预期相对可靠，从而可以实现保险业稳健经营。在这两种属性的基础之上，保险成为公司和家庭的风险损失“买单人”，故而天然就具有了控制损失成本的动机和激励，保险公司会借助其合同设计和专业能力，激励并帮助客户降低风险、规避损失，这就是所谓的风险“减量”。

了解保险业发展史的读者都知道，1666 年的伦敦大火催生了现代意义上的火灾保险公司，而构成其现代性的标志性特点就是根据房屋的火灾风险水平厘定费率，促进民用建筑采取积极的防火措施，减少风险隐患。很快，火灾保险公司还组建了自己的消防队，为投保人提供消防服务，降低火灾致损规模。这种“衍生”职能的履行，实际上形成了保险业、投保人和社会多方共赢的局面。伴随行业逐步成长，相关数据、经验不断累积，保险业也能够基于对风险发生及传导机制的理解，对风险链条的关键环节进行积极干预，不断提升风险控制能力，为客户提供的风险减量服务种类日益丰富、质量也日益提高。

二、探索风险减量服务

当下，《意见》将进一步激发行业创新服务、促进风险控制，更重要的是引领行业关注风险特质的变化，及时更新经营理念。随着现代化进程的推进，风险越来越繁杂。在法律、创新技术与科学等社会制度共同作用之下，人为因素对社会运行的影响扰动越来越大。以科技创新活动为例：科技创新具有突出的资本密集、人才密集和技术密集等特点，风险结构和生成机制复杂，不仅涉及人、财、物等传统风险，还涉及知识产权、网络安全等新兴风险；不仅涉及研发与生产过程可能中断的风险，还涉及落地推广产业化过程被阻滞、中断的风险等。事实上，在现实生活中，我们越来越感受到，风险管理如不精细化，可能会导致风险传导、叠加、演变、升级，特定事故极易突破“风险防控挡板”引发突发事件，并产生“链式反应”。在这种条件下，一方面，简单的事后经济补偿可能很难覆盖投保主体的实际损失；另一方面，传统的基于历史损失经验数据定价等经营模式，对保险公司经营稳定性的贡献也会越来越有限。未来保险业的有效经营，越来越需要积极跟踪并深度挖掘风险动态变化信息,积极主动为客户提供包括风险评估、隐患排查、监测预警等涉及风险形成各个环节甚至是风险全生命周期的风险控制服务。

总体来看,面对新形势下的社会经济发展,保险业越来越需要抛弃传统的经营模式;基于风险管理枢纽的地位,实现风险减量服务向更为深入、专业、精细的方向发展,这是新形势下保险业高质量转型发展的题中应有之义,也是保险业面临的重要历史任务。此次监管部门明确出台《意见》,鼓励各公司以风险减量服务为切入点,构建风险减量服务新模式,为客户提供一站式服务方案或解决方案,对于引领公司积极推进战略转型具有重要意义。

当然,保险业开展风险减量服务也面临诸多挑战。例如,行业缺乏相关专业人才和技术,还需要加快建设风险减量管理能力;而财产保险业在过去相当长一段时期内呈现车险占优的态势,面对复杂的风险结构,仍然存在数据不足、风险评估模型不成熟等问题,可能需要推进自身加速数字化转型或有效使用第三方机构力量。为此,《意见》指出,加快科技创新与风险减量服务融合,鼓励各公司利用大数据、云计算、区块链、人工智能(AI)、物联网等科技手段,重塑风险减量服务理念,压缩服务时空距离,优化服务模式,降低服务成本,提升财险业风险减量服务整体效能。而如何有效规范并使用新技术,也是需要在实践中不断探索和解决的难点。

特别需要关注的是,有效的风险减量服务,是建立在对风险的全面理解基础之上的,即对风险载体的属性、各类风险因素、风险生成机制和风险传播链条等各个方面都要有全面且深刻的认识，这不仅需要扎实的基础研究，也需要获得被保险人的信任、配合与支持。保险公司开展风险减量服务，需要与投保人进行充分的沟通与协商，特别要严格遵守商业道德规范，努力为双方提供公平、合理、诚信的价格和交易，既不能夸大其词也不能移花接木，以增强双方对彼此的信任。各财产保险公司依法开展风险减量服务，要严格按照会计准则进行账务处理，并做好消费者权益保护，不得虚假宣传、违规承诺、强制捆绑销售、通过风险减量服务套取费用以及非法买卖、泄露信息等。以负面清单的形式，标出可能影响风险减量服务高质量发展的“雷区”，对于风险减量服务的高质量可持续发展具有重要意义。

保险业需提升人民的"幸福力"

锁凌燕

2023-04-13

作为民生保障制度的重要内容，保险具有重要的历史责任。在过去几年间，面对新冠疫情等国内外多重超预期因素的冲击，社会保险在扩大覆盖面、提高待遇、降低负担的同时，也在基本养老保险全国统筹制度、医保基金战略性购买、住院和门诊费用跨省直接结算等方面迈出了坚实的改革步伐，彰显出普惠性、基础性、兜底性的制度特色。而从商业保险来看，伴随保险业持续快速增长，我国已成为全球第二大保险市场，保障能力大幅提升，每年为万千家庭和公司提供的风险保障金额约为同期 GDP 的 100 倍，在长尾市场上的保障作用也日益凸显，例如，大病保险业务覆盖 12.2 亿城乡居民，累计赔付超过 6 000 万人次；惠民保虽然发展时间不长，但覆盖人群已超过 1.4 亿人次，在满足个人和家庭多样化、个性化的保障需求方面发挥了重要作用。不过，保障和改善民生工作会连续不断地面临新的挑战。迈上新征程，保险业还需持续强化风险保障功能，发挥保险在民生保障体系中的作用。

一是提升居民风险应对能力，提高个人和家庭的“复原力”。俗话说，“天有不测风云，人有旦夕祸福”，我们不能每天像走钢丝一样去赌明天不会出事，“未雨绸缪”方是智者之举。于健康时筹划医疗保障，于年富力强时筹划退休安排和身故保障，于子女年幼时筹划教育基金等，能熨平生活褶皱，使自身具备从逆境中恢复的能力。以农村为例，其发展条件相对欠缺，导致抗风险能力相对薄弱；农业全产业链面临的自然风险和市场风险复杂多样，而且各类风险的关联性更强、传导性更快，个别风险管理环节不及时、不到位、不得力，可能会导致风险传导、叠加、演变、升级，很容易导致生产过程中断，不仅损失波动性大，而且更可能由于农户资金紧缺进一步引发金融抑制、抗风险能力低下等问题，进而削弱乡村振兴的物质基础。农业保险作为现代农业风险管理的重要工具，是提升农村居民“复原力”的重要机制。据统计，2022 年我国农业保险为 1.67 亿户次农户提供风险保障 5.46 万亿元，未来，“增品”“扩面”“提标”对支农、惠农、富农、强农具有特殊的重要性。

二是助力家庭财富配置，提高个人和家庭的“成长力”。伴随经济社会持续快速发展，我国居民财富持续累积，21 世纪前

20 年,我国社会净财富的复合增速为 16.2%,超过同期 GDP 增速。居民财富的持续累积,主要来自两个方面的贡献:(1) 在收入持续增长的背景下,较高的储蓄率在持续贡献财富增量,这部分的增速主要取决于个人将人力资本转化为财务资本的能力和边际储蓄率;(2) 伴随时间的推移,居民累积的存量财富持续增值,这部分的增速则更多取决于个人的财富管理能力,而这种能力的重要性势必会伴随财富存量的增长而提升。事实上,伴随财富的积累,居民财富目标会日趋多元化,“攒钱”的传统理财观已经不再适用,必须通过主动的多元化资产配置并承担相应风险,才能使家庭财务状况向健康自由的方向发展。保险在提供风险保障的同时,将大量的小额资金汇集为巨额的保险资金池,从而也具有了储蓄投资的功能;而保险机构则具备了更长期的投资视角、更稳健的投资目标和相应的跨期风险管理能力。2012—2021 年的 10 年间,我国保险资金的年均财务收益率达 5.28%,每年都实现正收益,且波动幅度远小于其他机构投资,这也让保险产品特别是长期性人身险产品具有了很高的配置价值。中国人民银行课题组于 2019 年 10 月中下旬在全国 30 个省(自治区、直辖市)对 3 万余户城镇居民家庭开展的调查显示,我国居民投资风格更偏稳健,受调查家庭中无风险金融资产的持有率为 99.6%,户均持有无风险金融资产占总金融资产的比重达到 53.9%,且低资产水平家庭持有的无风险金融资产比重更高。能够提供长期稳健收益的保险产品,自然是我国居民金融产品的重要品类,保险业理应服务好居民的配置需求。

三是促进民生服务体系发展,提高个人和家庭的“幸福力”。居民的幸福感,不仅来自名义上的货币或财富,而且更多依托于可以获得的各类产品与服务，若要实现“民生七有”——幼有所育、学有所教、劳有所得、病有所医、老有所养、住有所居、弱有所扶——还需要相关社会事业的发展。仅以养老为例，2023 年“两会”《政府工作报告》在对未来工作提出建议时就提到，要保障基本民生和发展社会事业，加强养老服务保障。这可谓敏锐地关注到了巨量人口快速进入老龄社会过程中养老保障工作的“重点”和“痛点”。过去，保险制度的改革发展关注的是养老“金”的问题；但如果居民手中空有养老金，却买不到价格和质量都适当、数量也充足的养老服务，所谓的老年经济安全就是空谈。养老保险与养老服务齐抓并举，才是积极应对人口老龄化之道。过去 5 年间，国家通过税费、用房、水电气价格等方面的政策支持，发展社区和居家养老服务，截至 2021 年年末，全国共有社区养老服务机构和设施 31.8 万个，5 年间平均年复合增长率高达 20%。但即便如此快速地建设和调整，也很难适应我国人口结构转换的速度，养老服务设施数量少且远未实现社区全覆盖。因此，广泛动员社会多元力量，充分提供各类政策支持，持续增加养老服务供给、积极提升服务质量、合理控制成本水平，构建和完善多样化的医养服务体系，也成为关乎民生的关键性工作。保险业作为专业的人身风险管理者，有条件激励统筹、动员各类资源，推动关联服务体系的发展与完善。积极探索“保险保障＋财富管理＋关联服务”的整合模式，助力民生保障，应该成为未来保险业发展的战略重点。

发挥双端优势　助推低碳经济

吴诚卓

2023-04-14

2022年中国银保监会公布《关于印发银行业保险业绿色金融指引的通知》（银保监发〔2022〕15号，以下简称《通知》）。根据《通知》等文件要求，中国银保监会制定了《绿色保险业务统计制度》，并在其中首次将绿色保险定义为保险业在环境资源保护与社会治理、绿色产业运行和绿色生活消费等方面提供风险保障和资金支持等经济行为的统称，标志着绿色保险的界定进一步清晰。伴随顶层设计进一步明朗，未来绿色保险将持续发挥负债端（保险机构围绕绿色低碳、可持续发展提供的保险产品和服务)与资产端(保险资金进行绿色投资)优势,持续推动我国低碳经济转型。

一、负债端:保险业独具风险管理优势与产品灵活性优势

与其他金融工具相比,风险管理能力是保险的独特优势。具体到绿色保险领域,不同于其他绿色金融工具,绿色保险能够利用风险定价原理将环境等公共资源的外部成本内部化,矫正市场扭曲以提升社会的整体效用水平。由于空气、水资源等公共资源产权界定困难,市场中的经济主体进行生产行为决策时并未将污染等外部成本纳入考虑。继而,上述决策框架导致市场价格通常仅反映公司等经济主体的私人成本。与此同时,公司生产行为可能为社会带来包括环境污染、公民健康损害等严重外部成本,上述成本并未反映在均衡状态下的市场价格中,导致此时市场资源得不到有效配置、整个社会的福利水平并不是最优的。在上述情况下,科斯定理由于公共资源产权无法清晰界定而失效,因此政府往往通过税收制度来尝试矫正市场失衡。但是,税收制度的制定需要较为漫长的立法程序、复杂的税收计算方式,且金额可能也难以精确界定,因此在实施效率等方面可能存在一定缺陷。由此,绿色保险可以作为解决环境污染等负外部性问题的潜在解决方案。环境污染责任保险正是以公司等主体生产过程中的污染事故对第三者造成的损害赔偿责任为标的的保险。其中,公司作为投保人向保险公司预先缴纳保费,保险公司则承担污染事故赔偿责任。通过环境污染责任保险安排,公司将自身生产对环境的潜在负外部性以保费形式转化为部分生产成本,达到外部环境成本内部化的效果,继而使市场均

衡趋于有效。得益于上述优势，绿色保险能够对包括环境污染等诸多绿色风险进行风险保障和市场机制调节，有助于推动经济绿色转型与社会福利提升。

同时，绿色保险具备产品服务开发的灵活性优势。保险公司能够根据绿色发展的不同场景，有针对性地开发多样化的绿色保险产品，相较标准化程度较高的其他绿色金融工具往往更具灵活性。除发展历史悠久的环境污染保险外，各类新型绿色保险产品正持续涌现，以创新灵活的姿态服务于绿色经济发展。例如，伴随我国近年电动技术持续成熟和车辆减排压力日益严峻的情况，以电力能源替代化石能源的新能源汽车行业迎来快速爆发，车辆电动化渗透率由 2015 年的仅 1%左右攀升至 2022 年的 27%；据全国乘用车市场信息联席会数据，2023 年 1—2 月国内新能源汽车渗透率已达到 28.7%。而新能源汽车销量的快速增长离不开配套服务体系的完善，新能源汽车保险即其中关键一环，完善的售后服务与保险体系是提升消费者对新能源汽车认可度的重要因素之一。保险业努力克服新兴产业基础数据匮乏等困难，加快了对应保险产品的设计节奏，成为助力绿色交通发展的排头兵之一。据统计，2020 年我国绿色交通保险对应保额达到 6.34 万亿元规模(新能源汽车保险保额占九成)，配套服务新能源汽车数百万辆，成为绿色保险最大的细分产品品类，占比达到 34.6%(占比第二大的绿色保险产品是环境污染保险，对应占比为 29.4%)。保险业正有序开发各类创新性针对性保险产品，涉及绿色交通、绿色建筑、绿色低碳技术、自然灾害等诸多领域，持续涉及我国低碳经济发展。

二、资产端:保险业具有期限结构与规模优势,与绿色产业高度匹配

绿色产业存在长期、稳定、规模化的资金需求。一方面,绿色产业前期通常需要较大的项目建设投资,对资金规模有一定要求;另一方面,绿色产业投资项目的投资回报周期亦普遍较长,因此更青睐长期融资渠道的支持。此外,相当比例的绿色产业可能仍处于技术迭代更新阶段或商业化早期,产业技术不发达和项目商业化运作经验不足可能导致早期盈利能力偏弱,并进一步拉长整体投资回收期限。例如,光伏电站项目前期建设需要电站组件等设备及施工的一次性大额投入,而后逐渐产生较为稳定的发电收益,通常项目投资回报周期普遍在8—10年甚至更长。其他绿色产业如风力发电、污废处理项目的营运周期及投资回报特点也基本类似,整体均呈现前期投入较大、后期收益平稳的特点。针对上述特点,相较于其他绿色资金来源,保险资金能够切实满足绿色产业资金需求。以绿色信贷为例,在国家去杠杆和防范金融风险背景下,银行体系对长久期信贷业务的经营压力偏大;如果银行体系长期大规模担当绿色产业的核心融资渠道,容易产生期限错配的流动性风险。保险资金则有久期长的特点或优势,与绿色产业的资金期限需求存在高度匹配;保险资金同样具备一定规模体量优势,能够较好地支撑大型绿色产业项目的前期高额投入。除此之外,从风险偏好角度而言,商业化模型成熟后的绿色产业往往能提供较为稳健的项目收益,与保险资金稳健的投资风格和风险偏好也能实现较好的匹配。综上,保险资金特点与绿色产业资金需求的高度匹配性将推动保险业更多、更好地承担服务绿色产业发展的重要融资渠道职能。

借鉴国际同业经验　助力保险资产管理业发展

朱南军

2023-04-23

保险作为现代风险管理的基本手段，是经济社会发展和人民群众生产生活的重要保障，而保险业的稳健经营源于资产和负债双轮驱动的动态平衡和发展。自 2003 年中国第一家保险资产管理公司——中国人保资产管理公司成立以来，国内保险业取得了突飞猛进的发展，获得了令人瞩目的成绩：截至 2022 年 9 月，行业 33 家保险资产管理公司受托管理了 20 余万亿元资产，近 10 年年均增速达 14%。然而，在当前中国经济面临百年未有之大变局的背景下，保险资产管理业同时面临着机遇与挑战。一方面，在国内经济稳增长、供给侧结构性改革、居民财富持续增长的大背景下，在管制放松、监管完善的有利环境下，保险资产管理业也面临着宝贵的时代机遇；另一方面，保险资产管理业务面临低利率、高波动、资产荒等困扰与挑战。

与此同时，在全球资产管理业大发展的背景下，国际保险管理业的发展也经历了多次变革和发展，在历史发展过程中涌现出许多优秀的保险资产管理机构。国内保险资产管理机构无论是从管理模式、业务规模、投资领域还是业务构成上与国际大型保险资产管理机构相比仍有一定的差距。在新的历史条件下，借鉴国际保险管理主要机构的发展历程和发展模式，实现保险资产管理业务的高水平、高质量发展，支撑保险业双轮驱动并在全球保险资产管理业中占有一席之地，是当前中国保险资产管理业面临的重要任务。笔者基于对国内保险资产管理业发展现状与国际资产管理机构发展经验的分析与思考，提出有关建议：

一是保险母公司需要明确旗下资产管理机构战略定位。借鉴境外行业发展趋势和领先同业先进经验，将保险资产管理机构的发展明确定位为专业资产管理机构；同时从母公司资金的受托投资管理者回归至市场化、专业化资产管理机构本质，成为母公司的利润贡献者、竞争优势提供者，在资金端、产品端和资产端全面展开与国内其他资产管理同业的市场化竞争。

二是建立专业化、市场化模式下的独立性经营模式。保险资产管理公司应成为独立核算、具有盈利目标的市场主体。在营利性约束之下，保险资产管理公司将充分参与市场竞争，提升投资能力，扩大管理资产规模，改善盈利水平，向股东提供投资回报。在大资产管理市场竞争下，保险资产管理公司通过与其他资产管理机构同台竞技，不仅可以检验自身的能力与实力，亦能改变其在保险集团内部的地位和影响力。发挥主体专业优势，制定规模化或个性化差异化发展路线。未来保险资产管理机构也面临大而全或专而精的不同路径选择，前者汇集大量的复合型人才和多元化产品，并通过不断的收购、合并、外延手段实现规模扩张，形成大型保险资产管理公司的全球扩张，如安联、保德信、安盛、法通这些市场巨头；后者则擅长某类资金客户的资产管理、进行某个或某几个市场资产投资，在个性化发展中寻找机会。

三是把握养老金入市契机。国际大型保险资产管理机构基本都是养老金资产的重要管理人和受托人。保险资金具有规模大、期限长、收益稳定、风险较低、资产负债匹配等特征，拥有较为成熟的大类资产配置、风险控制和信用评级经验，这与养老金、慈善基金、家族信托资产等资金需求相契合，保险资产管理在这些机构资金管理方面具有天然优势。国内个人养老金账户和产品已经陆续推出，与之有着相近投资理念和丰富保险资金管理经验的保险资产管理机构势必要在竞争中发挥优势，争取更高的市场竞争地位。

四是以产品创新为业务拓展的抓手。保险资产管理应通过产品创新来实现行业转型以及向全面资产管理的转型。截至2022年年末，中国保险资产管理业发行管理的各类资产管理产品规模已达6.7万亿元，资产管理业已经逐渐形成基础设施投资计划、不动产投资计划、股权投资计划、项目资产支持计划、组合类产品等特色系列产品。保险资产管理业发挥资产配置组合投资优势，行业组合类资产管理产品规模达到近5万亿元，成为国内大资产管理业产品创新发展的亮点，保险资产管理机构应继续沿着保险资产管理产品创新这条路在大资产领域大力创新和发展。

五是发挥固收投资的传统优势稳步发展。保险资产管理以受托母公司长期限、大规模资金为基础，在固收投资领域具备天然的投资经验和优势。参考国际保险资产管理机构，如安联的发展经验，在强化固收投资能力基础上总结优势，凭借自身差异化竞争优势在大资产管理业发展中拓展基础空间。

六是大力发展国际业务。目前国内保险资产管理业务仍以境内为主，但近年来境外资产配置占比有所上升。因此，从发展路径上看，由于境外保险业务拓展需要时间的积累，境外资产管理业务依托负债端驱动的发展模式短期内难以实现。可以适当考虑资产驱动的发展模式，即以国际化资产配置为契机，拓展境外资产管理业务。在发展模式上，可以选择与海外资产管理机构合作，自设分支机构或并购等形式，不同形式的选择也应根据保险资产管理公司以及母公司的具体战略规划综合决定。我国保险资产管理机构在境外并购式发展过程中，要与自身业务形成协同和互补效应。

结合国际保险资产管理机构发展经验和资产管理业务管理经验，我国保险资产管理机构要以成为全能型的国际化资产管理机构为长期目标，有效加强国际化长期发展能力建设，制定科学发展策略，为国际化发展奠定基础。在资产管理业务方面，保险资产管理机构需要从保险资金管理和第三方资产管理两个维度出发，全面提升资产管理能力。相信在不久的将来会有更多的国内保险资产管理机构出现在国际大型资产管理机构的行列中。

数字化增强保险业内生动力

锁凌燕

2023-07-18

伴随数字中国建设步伐加快，我国数字经济蓬勃发展。据统计，2022 年我国数字经济规模达到 50.2 万亿元，占 GDP 比重提升至 41.5%，总量位居世界第二。而作为保险业融入数字经济的先导力量，互联网保险正快速发展。中国保险行业协会数据显示，2013—2022 年，我国开展互联网保险业务的保险机构已经从 60 家增长到 129 家，互联网保险的保费规模也从 290 亿元增加到 4 782.5 亿元，占全行业原保费收入的 10%。

互联网保险之所以能快速发展，主要有三方面原因：一是网络消费者群体的壮大为互联网保险发展奠定了基础。据中国互联网络信息中心统计，2022 年年末我国网络购物用户规模达 8.45 亿，占网民整体的 79.2%。将保险信息咨询、投保交费、保单查询、信息变更、续期交费、核保理赔、风险控制等各种经营环节网络化，是题中应有之义。

二是平台经济的成熟为互联网保险发展提供了契机。不管是第三方平台，还是保险机构自建平台，网络平台作为交易的组织者，都可以发挥“入口”功能集合作用并连接供应方和消费者，且经营不受时间、空间等条件限制，具有突出的规模经济和范围经济效应。网络平台不仅便于促成交易，扩大客户规模，增强消费者黏性和活跃度，也使得保险机构能够低成本触达传统渠道难以触及的长尾市场，提升行业普惠性。

三是新技术的发展为互联网保险提供了创新升级空间。互联网保险最初更多是保险活动的线上化，但随着数据成为重要的生产要素，互联网保险具有了数字化转型的内涵。例如，基于使用量确定保费的保险创新持续涌现，行业的经营模式、竞争生态等将不断升级演进。对保险业这样的数据密集型行业来说，数字化已成为其在技术和商业方面最具创新意义和战略意义的行动。这种前景为互联网保险不断向纵深发展提供了充沛的内生动力。

当然，互联网保险发展也面临挑战：其一，网络安全风险高。网络中断、平台被攻击等安全风险，不仅可能使业务流程受阻，还可能威胁海量消费者数据及隐私安全，因而对网络安全、应用安全和数据安全等方面的要求提高。其二，业务风险点多。互联网保险业务可以突破时空限制提供服务,但如果线上服务能力不足,又会降低消费者的满意度。特别是互联网保险缺乏面对面的沟通机制,考虑到保险产品的复杂性,仅靠线上传递信息可能难以完整、有效地表达产品和服务蕴含的风险与限制,可能不利于消费者保护。其三,未知风险大。互联网保险业务的发展本质上是行业数字化转型与创新的过程,应该鼓励更多新产品、新模式的突破,但与其伴随的风险在现阶段难以识别和评估。

互联网保险作为保险业的新趋势已经愈发明确,其价值创造能力也在不断彰显。面对风险挑战,迫切需要推动互联网保险高质量发展。一方面,要通过监管引导、促进市场竞争等手段,敦促行业全面提升风险管理水平,确保业务的开展与机构自身经营发展需要、技术实力、风险控制能力等相匹配,让消费者更有信心使用创新产品和服务;另一方面,要加强监管制度的一贯性和适应性,为创新尝试留出"试错"空间,并及时跟踪行业生态变化。

数字经济与网络安全风险

贾 若

2023-07-19

2023 年 7 月，工业和信息化部与国家金融监督管理总局制定了《关于促进网络安全保险规范健康发展的意见》（工信部联网安〔2023〕95 号，以下简称《意见》），这是我国关于网络安全保险的首份政策性文件。《意见》以维护网络安全为目标，以网络安全保险为核心政策工具，从“建立健全网络安全保险政策标准体系”“加强网络安全保险产品服务创新”“强化网络安全技术赋能保险发展”“促进网络安全产业需求释放”“培育网络安全保险发展生态”五方面，提出促进网络安全保险发展的政策意见。

当前,数字经济是中国和世界经济发展的重要动力。2022年,我国数字经济规模达50.2万亿元,总量稳居世界第二,占GDP比重为41.5%。2023年年初,国家决定组建国家数据局,统筹数据资源整合共享和开发利用,对数字经济的整体发展是重大利好。过去3年的新冠疫情客观上也助推了数字经济发展。

近年来,互联网、大数据、云计算、人工智能(AI)、区块链等技术加速创新,日益融入经济社会发展各领域全过程,数字经济发展速度之快、辐射范围之广、影响程度之深前所未有,正在成为重组全球要素资源、重塑全球经济结构、改变全球竞争格局的关键力量。

随着数字经济快速发展,互联网交易和数字化运营更广泛地成为各个市场的常态,数字经济对网络安全提出了更高要求,带来了更大挑战,网络数据风险不断累积。如果说非数字经济的重要保障是稳定社会治安和市场秩序,那么数字经济的根本保证就是网络安全。与国家对社会治安、市场秩序的投入相比,对网络安全的投入与数字经济占GDP四成的规模,还很不足。从市场化保障的角度看,网络安全保险与传统财产与责任保险(车险除外)的规模相比微不足道。

网络安全保险是保险业参与网络风险保障的主要形式。网络安全保险也称网络责任保险,是一种对公司面临的网络安全损失的保障,其保险责任通常包括数据的丢失和恢复、网络转账损失、计算机欺诈和网络勒索赎金。具体而言,如果公司数据遭到黑客窃取,网络安全保险将承担公司通知用户的费用、民事损害赔偿、计算机取证的费用、公关成本，同时保险人有义务在诉讼中为投保人辩护。保险人也会协助投保人管理网络风险，帮助投保人联系网络安全服务供应商。网络安全保险的责任免除一般包括投保时已有漏洞、战争、境外势力攻击、社会工程学攻击等。网络安全保险通常也具有免赔额。常见的网络安全保险有两种形式，一种是作为其他保单的附加责任，另一种是作为独立保单。一般而言，前者只包含公司应对网络安全事件的费用支出，而后者还包含公司对用户应负的其他责任保障，且保额更充足，保障范围更全面。

网络安全保险在保单设计上存在难度。虽然网络安全保险能够在保障网络风险上发挥一定作用，但是网络风险的特征使得其可保性存在争议，面临着损失相关性、信息不对称和保额限制方面的问题。损失相关性方面，某些类型的网络安全风险损失具有一定的关联，使其难以被有效集中管理；信息不对称方面，网络安全保险中道德风险和逆向选择现象较为严重；保额限制方面，由于网络安全事件影响复杂，保障范围与保额需要明确界定，以避免极端风险事故带来的偿付能力压力。随着行业发展和数据积累，网络安全风险的定价与预测将更加精准，损失相关性和信息不对称带来的问题将逐步得到改善；而在网络安全保险发展前期，依然需要靠更深入的研究与更巧妙的保单设计来解决。

全球网络安全保险市场发展迅速，但平均损失率和保费逐年上升。以美国为例，全美保险监督官协会（NAIC）的统计数据显示，2020 年在美国注册的保险公司承保了约 27.5 亿美元的网络风险，相比 2019 年增长 21.7％，2017—2020 年年平均增长率为13.4%。2017年以来,网络保险市场的平均损失率逐年上升,且涨幅逐年增加,已经从2017年的32.4%增长至2020年的66.9%。网络保险的保费也呈上升趋势,2021年前三季度,美国网络保险平均定价同比涨幅分别为34%、56%和97%。网络保险费率上升的原因众多,包括由网络勒索事件频率与严重程度上升导致的损失环境恶化、系统性网络事件具有的巨灾性质、再保险成本增加和保险公司既往保单可用资金不足等。对此,保险公司的应对方法包括增加免责条款、降低保额、提高自留额。同时,保险公司也会要求核保人使用工具评估潜在被保险人的计算机网络条件,以决定是否承保。

相比美国、欧洲国家,中国的网络安全保险尚处于初期阶段。据国家工业信息安全发展研究中心测算,2021年我国网络安全保险保费规模为7 080万元,较上一年增长3.2倍以上,最高保额超4亿元。目前的保险产品主要面向大公司,中小公司的网络安全风险尚未被覆盖,新的产品仍有待开发。2022年,在上海银保监局指导下,众安保险等5家保险公司共同推出网络安全保险普惠版产品,保障范围除公司经济损失外,还包括第三方责任赔偿。总体来看,中国网络安全保险市场的问题主要包括相关法律体系有待完善、数据有待逐步积累、网络安全风险数据共享平台缺失、信息不对称等,行业发展有待进一步规范。日前发布的《意见》,为促进中国网络安全保险的发展指明了大方向,具有积极意义。

拥抱生成式人工智能　保险业的机遇与挑战（上）

刘新立

2023-07-26

2023 年 7 月 19 日，Meta（原 Facebook）发布了最新的人工智能大型语言模型 Llama 2 系列，包括 70 亿、130 亿和 700 亿三种参数版本，模型信息和原始代码全部开源，并且免费可商用，而且还包含针对会话聊天场景微调的 Llama 2-Chat 模型版本。相较于此前发布的 Llama 1，这次推出的 Llama 2 训练所用的语言符号量翻了 1 倍至 2 万亿。Meta 表示，在包括推理、编码、精通性和知识测试等多个外部基准评分测评中，Llama 2 表现优于所有开源的 Chat

模型。同时,Meta 还宣布与微软、高通合作,将 Llama 2 部署在微软云服务 Azure 上,并在高通芯片上运行,打破市场上英伟达、AMD 处理器对人工智能算力市场的垄断。

一、进步迅速

Llama 2 的推出,引发人工智能大模型格局再次发生巨变。早在 2022 年 11 月,美国初创公司 OpenAI 推出了基于 GPT-3.5 的通用聊天机器人 ChatGPT,将生成式人工智能技术直接推向了公众的视野中,掀起了全球对生成式人工智能的讨论热潮。这款运用人工智能驱动的高级自然语言处理工具上线仅 5 天,用户数就突破了 100 万,两个月后,月活跃用户数突破了 1 亿,成为有史以来用户数增长最快的消费级应用。2023 年 3 月 15 日,OpenAI 又发布了多模态预训练大模型 GPT-4,它使用了全新架构 Prometheus,这是一个分布式、并行、异步、自适应的系统,可以在多个设备上同时运行多个模型,并且能够动态地调整资源分配和计算优先级。GPT-4 比以往任何语言模型都更加强大和智能,可以说,之前的热度还“来不及”冷却,就被人工智能的迭代升级速度追上了,市场普遍认为生成式人工智能将开启人工智能的新纪元,并且给诸多行业带来无限可能。但这些大型语言模型一直没有开源,因此 Llama 2 可以免费开源商用立刻引起了市场的广泛关注,因为这意味着很多行业可以在此基础上构建自己的智能生态,而无须为底层的大型语言模型付费。

生成式人工智能指一种可以学习复杂数据结构和规律,并用这些规律来生成新数据或解决问题的算法,它是具有创造新内容和解决问题的人工智能技术，如生成对抗网络（GANs）或强化学习算法，与传统机器学习算法相比，生成式人工智能有更强大的创造能力。虽然人工智能早在20世纪五六十年代就已经出现，但最近的技术进步确实提高了人工智能的能力，这可能会对很多行业的经营规则产生影响，保险业也不能免受其潜在的变革影响。事实上，近年来保险业已经在很多环节探索了人工智能的应用，包括客户服务、风险评估、欺诈检测等。生成式人工智能对保险业的潜在影响是深远的。若充分利用其优势特点，可以为保险公司在产品设计、营销、运营和客服等多个领域提供深度技术赋能，其与行业的深度融合并不是单一由自动化的方式替代人力，而是将可能在保险业的底层经营逻辑中产生突破性进展。同时，人工智能的应用也将使保险业面临很多从未有过的挑战，保险公司必须在人工智能的潜力与数据准确性、道德和人类专业知识之间寻找平衡点。

二、促进行业深耕

无论是从满足保险的理论基础，即大数定律的角度，还是从扩大市场覆盖率的角度，建立良好口碑、吸引更多客户都是很重要的，这就涉及两个与客户产生沟通的环节——营销和理赔。

在营销环节，无论是个人险、银行保险还是互联网保险，传统模式下，潜在客户接触到的信息都较为单一。一方面，由于代理人和银行柜员很难在短时间内了解不同客户之间的差异，在面对不同潜在客户时往往都采用千篇一律的话术，互联网保险也只有为数不多的固定选项；另一方面，当前大多数保险产品都比较固定，即便消费者提出自己的需求，代理人能够搭配出适当产品组合的空间也较为有限，而且也存在因代理人水平不一而对客户需求匹配不到位的情况。因此，很多时候并不是消费者缺乏保险需求，而是其保险需求并未得到适当的解读，因而也就无法得到激发，仅仅简单由性别、年龄等客观条件给出产品推荐，远远达不到与需求匹配的程度。生成式人工智能真正独特的地方在于，它们是经过预先训练的，这意味着它们有较高的专业能力，能对服务对象产生即时回应，而不需要大量的开发工作。利用生成式人工智能技术，保险公司可以构建智能化保险产品推荐机器人，通过自然语言交互，分析客户的需求、偏好、风险承受能力等信息，从而理解其个人需求特征，创建更精细和个性化的保险产品，生成个性化的、满足客户需求的保险方案。

在理赔环节，通过机器学习和数据分析技术，接入了生成式人工智能的系统可以根据保险条款、索赔信息和历史数据等因素，自动计算理赔金额，从而提高理赔效率和准确性。当处理复杂的理赔时，生成式人工智能还能基于深度学习模型生成更高效的理赔流程，或者根据高级策略生成新的解决争议和问题的方式，减轻人工的负担并提升客户满意度。

三、降低道德风险

保险业中的道德风险是一个重要概念，它指的是投保人购买保险后，由于风险已经转移，可能会改变自身行为，以增加保险公司赔偿的可能性或金额。这种情况通常产生于保单持有者对风险的担心减少，以及对可能获得的保险赔偿的期待。例如，健康保险可能会导致保险持有人更加倾向于采取不必要的医疗服务，因为他们知道保险公司会对这部分费用进行赔付。又如，汽车保险的存在可能会使人们在驾车过程中没有那么谨慎，因为他们知道，即使发生意外，损失也可以由保险公司来承担。这种情况会带来两方面的问题：一方面，可能增加保险公司的风险负担和赔偿金额，超出之前的精算预期；另一方面，在某些情况下，保单持有者可能会故意制造风险事故以获取保险赔偿，例如当事故损失本来较小时，放任事故发展使得损失扩大，甚至故意引发事故以获取保险赔偿，这不仅是违法行为，也会对社会经济造成极大的伤害。

欺诈是道德风险的一种典型表现，传统情况下保险公司需要在很大程度上依赖市场情报和专业人士的技能进行判断，需要投入大量时间和资源来检测欺诈行为。而生成式人工智能可以在欺诈检测中发挥重要作用，通过创建近似真实的欺诈案例，可以模拟不同种类的欺诈活动，帮助保险公司提前预防和了解可能遭遇的欺诈威胁，从而减少损失。机器学习方法还可以用来解释刚刚报告的索赔类型、应该如何处理以及需要什么水平的专业知识。此外，通过学习大量过往欺诈案例，生成式人工智能将具有较强的检测能力，如果其识别出索赔可能是欺诈性的，将对该案件进行自动标记，以便理赔人员优先对这些案件进行进一步调查。例如，Aioi Nissay Dowa 保险公司就开发了一个可以不断进化提升的元学习系统，元学习是一种机器学习方法，通过训练模型在多个任务中学习，使其能够更快地适应新任务。这一系统可以检测机会主义和有组织的欺诈。据该公司介绍，自从这一系统推出以来，欺诈检出率提高了 1 倍多，提示率从 2%提高到 18%，同时，理赔人员处理的疑似欺诈但并非欺诈的案件数下降较多，索赔处理成本也有所削减。这一系统使得该公司可以更快地处理索赔,并更有效地处理真实索赔。索赔处理人员的主动性也得到了增强,因为该系统给出的结果更为可信,他们希望自己的欺诈甄别工作也能作为素材来提供给模型学习,为模型的不断改进作出贡献。人类和人工智能之间的这种合作,通过帮助降低反欺诈成本,为保险业和消费者带来益处。

拥抱生成式人工智能 保险业的机遇与挑战(下)

刘新立

2023-08-02

四、助力风险减量

(一) 提升风险评估

保险不仅具有损失补偿的功能,还可以通过与个体风险密切相关的精算定价,激励保单持有人主动降低风险。这相当于一种间接的风险减量效果,人工智能的应用还有助于直接的风险减量。例如,目前有保险公司为投保的重载货车配备驾驶辅助设备(ADAS)和驾驶员监测设备(DMS),其中,ADAS 利用计算机视觉技术，识别车辆前方及周围的道路因素，针对行驶过程中潜在的碰撞危险场景，及时向驾驶员发出预警；DMS可准确识别驾驶员多种疲劳或分神状态，及时发出预警提醒。这些人工智能技术的应用有助于驾驶员提升安全意识、规范驾驶行为。

风险因素的识别与评估是产品定价的关键基础，大型语言模型是自然语言处理中的新算法，是深度学习领域的进步，令人兴奋的是，它们很“大”，这使其具有强大的信息存储能力，因此可以做出广泛的预测。保险公司可通过自然语言处理来完善其定价模型，从而能够分析大量数据，并识别那些可能带来潜在风险的模式。例如，健康险这类风险不仅涉及被保险人，还涉及医疗服务的复杂产品，对传统精算方法的挑战很大，而生成式人工智能可以综合分析大量的健康险相关数据，包括历史赔付数据、人口统计和医疗资料等，从中识别出潜在的风险因素，有助于更好地理解不同客户的风险特征，提升风险评估的准确性。

（二）面临的挑战

生成式人工智能将为保险业的发展提供强大的动力，可以预见，未来这种赋能将改变保险业的许多方面。然而，我们也需要意识到，生成式人工智能的应用也会面临风险和挑战。例如，人工智能算法可能存在公平性和透明性欠缺的问题，容易引发数据隐私和道德问题。因此，保险公司在使用生成式人工智能时，也需要构建及时有效的风险控制机制，包括严谨的数据管理流程、透明的算法审查机制以及健全的伦理标准。

首先，应用生成式人工智能会带来一定的数据风险。目前帮助保险公司依据其掌握的越来越丰富的数据进行处理、分析和决策的关键工具之一是机器学习，保险公司可以通过使用机器学习工具来显著提高效率和生产力。然而，由于生成式人工智能是经过预先训练的模型，训练工具就需要向其提供数据，这并非易事。一方面，可供使用的数据量不一定能够满足要求，向模型提供商传递敏感数据也会增加信息安全风险。人工智能快速收集和处理大量非结构化数据的能力最大的潜力在于承保，而这也正是保险业对个人数据使用的担忧所在，也是政府和监管机构所关注的问题。此前三星公司就曾表示，仅使用 ChatGPT 半个月左右的时间，就发生了三起信息泄露事件，并且其中还包括一些核心数据。不过 Llama2 的发布则有可能凭借免费开源和私有化部署解决这些问题。另一方面，无论是大型语言模型还是任何其他类型的模型，都必须运用非常优质的数据来进行训练，而保险业许多可用的数据都是分类数据和低质量、高噪声的混合数据，包含多个特征子集，这些数据可能不利于模型训练。

其次，生成式人工智能输出的结果具有一定的不一致性。当我们向大型语言模型提问时，它们可能会给出不同的回答，因为模型可能在试图达成某种目标时调整了不同节点上的权重，从而得出不同的答案。另据美国《财富》杂志网站的报道，斯坦福大学的一项研究对比了广受关注的聊天机器人 ChatGPT 在数月内完成四项"差异化"任务——解数学题、回答敏感问题、编写软件代码、视觉推理时的表现，发现这项技术执行某些任务的能力存在巨大波动，即"漂移"，因为他们观察到其在 6 月执行某些任务的表现比 3 月时更糟。研究人员观察了 GPT-4 解答数学题的能力，发现在 3 月时 GPT-4 能够在 97.6%的答题时间里正确识别出数字 17077 为质数，但是仅仅 3 个月后，其答题的正确率却骤降至极低的2.4%。与此同时,GPT-3.5的表现轨迹则几乎相反,其在3月时回答同一问题的正确率仅为7.4%,而在6月时的回答大多是正确的,正确率达86.8%。当研究人员要求这两个版本编写代码和接受视觉推理测试时(即要求该技术预测某个图案中的下一个形象),出现了类似的差异化结果。因此,当我们在对大型语言模式进行调整,以改善其在某些任务中的表现时,这样做实际上可能会带来许多意想不到的后果,它们或许会影响这个模型在处理其他任务时的表现。在人工智能模型如何回答问题方面,存在各式各样耐人寻味的相互依赖,它们可能在一定程度上导致我们所观察到的这些表现每况愈下的现象。

再次,生成式人工智能的应用可能会带来一定的合规风险。机器学习模型是一种“黑盒”解决方案,其内部工作原理对最终用户来说是不可见的,这使得一些人工智能模型的输出结果缺乏透明度和可解释性,如果我们过于信任人工智能可能会适得其反,无论是其数据还是算法。生成式人工智能就像是一种服务,它非常自信、勤勉地解释了一些它实际上不知道的东西,并且看似很有道理,但它只能从他们接受过培训的数据中获取信息,人工智能如果从被污染的数据池中获取了信息,就可能被错误的事实和数字影响,正如人工智能可以用于善,也可以用于恶一般。当前,算法决策替代人工决策已成为趋势,而算法可能存在偏差、破坏保险的公平性。如何确保算法的透明性和公平性,防止算法歧视,是保险业面临的一大挑战。目前大多数人工智能模型尚缺乏“情商”,存在误解客户信息或者输出偏见结论的风险,这可能导致错误的回复,并引起客户投诉的增加,从而引发道德、法律和监管挑战，带来合规风险。因此，人工智能的应用不能完全取代人的经验，尤其是在欺诈和索赔方面，任何对人工智能的投资都必须有经验丰富的专业人士的支持。

最后，生成式人工智能带有一定技术伦理争议。前些年，说起“技术伦理的边界”这个话题，人们想到的或许还是基因编辑技术，而这两年，人工智能技术则被推到了风口浪尖。例如，具备一定“独创性”的人工智能生成内容是否属于著作权保护的范围？GPT-4 发布时的安全文档就写道：GPT-4 表现出一些特别令人担忧的能力，例如制订和实施长期计划的能力，积累权力和资源的现象，以及表现出越来越“代理”的行为。这种“代理”暂时并不意味着自我意识的产生，但它所引发的风险已经足够令人警惕。

总的来说，人工智能革命是无法回避的，这不仅是一次技术革新，更是一次深度的业务和管理变革。在享受生成式人工智能带来的便利和效率提升的同时，我们也必须认识到其中潜藏的风险，通过科学的风险管理，实现保险业健康可持续发展。

气候异常形势严峻　风险减量正当其时(上)

刘新立

2023-09-13

在2023年9月6—7日举办的第三届国家灾害治理与风险保障论坛上,“风险减量”一词成为会议的焦点。实际上,在2023年夏天多地遭受罕见暴雨洪涝灾害之际,保险业加强关注从经济补偿向风险减量的模式转变正当其时,这同时也是保险业对巨灾风险发生变化的及时响应。

从灾害风险保险的前端,即灾害风险来看,当前,自然灾害风险的形势已经愈发严峻。

从短期来看,2023年夏天我国遭遇多场百年一遇的灾害，多项指标超过历史极值。先是2023年7月京津冀和山东等地有21个国家气象站日最高气温突破历史极值。接着，受台风“杜苏芮”影响，7月27日至8月2日，河北省遭受了历史罕见的特大暴雨洪水灾害，波及全省110个县（市、区），388.86万人受灾，直接经济损失高达958.11亿元。据海河水利委员会8月1日消息，此次灾害过程中，海河流域有6条河流发生有实测记录以来的最大洪水。9月7日晚，受台风“海葵”残余环流和季风影响，暴雨席卷了珠三角地区，最大2小时（195.8毫米）、3小时（246.8毫米）、6小时（349.7毫米）、12小时（465.5毫米）的降雨量四项指标已突破深圳1952年有气象记录以来的历史极值，香港地区的最大1小时降雨量也突破了1884年有记录以来的最高纪录。

不仅我国巨灾损失严重，国际范围来看，2023年也被认为是极端天气事件多发的一年。欧盟气候监测机构哥白尼气候变化服务中心（C3S）表示，2023年可能是人类有史以来最热的一年。北半球夏季气温创下新高，6—8月的全球平均气温为16.77℃，超过了2019年16.48℃的纪录。多国发生持续蔓延的野火，高温还导致了干旱、病虫害等高发。然而，此次的高温是在厄尔尼诺现象影响尚未完全展现时出现的，异常气候在未来几个月很可能还会持续，目前全球进入厄尔尼诺气候模式，据我国国家气候中心分析，赤道中东太平洋将维持厄尔尼诺状态，预计将于2023年秋季形成一次中等强度的东部型厄尔尼诺事件，峰值可能出现在10—12月。厄尔尼诺现象发生时，通常会带来反向性极端天气，且影响通常在它出现后的一年内显现，因此，本次厄尔尼诺现象对气温的影响可能在2024年最明显。根据过往数据,1997—1998 年超强厄尔尼诺期间,全球气象灾害事件的保险赔付额从 1997 年的 108.2 亿美元飙升至 1999 年的 483.2 亿美元,保险损失总额上涨约 3.5 倍,而到了 2018—2019 年的厄尔尼诺年,保险业相关赔付额高达 1 569 亿美元。

从中期来看,极地及高海拔的山峰上,已经显现出令人担忧的气候异常的结果。据观测,南极海冰范围仍处于这个季节的历史最低水平,月度值比平均水平低 12%。世界气象组织称,这是“自 20 世纪 70 年代末开始卫星观测以来,迄今录得的 8 月最低水平”。另外,北极海冰范围比平均水平低 10%,但仍远高于 2012 年 8 月创下的最低纪录。根据相关研究,目前南极海冰面积较 1979—2022 年的平均值减少了 240 万平方千米。海冰面积减少不仅意味着生态系统受到直接影响,还意味着南极反射阳光的能力减弱,而当白色冰面被深色海面取代时,地球就会吸收这些热量。高海拔地区也在悄然发生变化。我国青藏高原被誉为“亚洲水塔”(AWT),平均海拔 4 000 米以上,有 10 万平方千米的冰川,亚洲 13 条大江大河发源于此,包括我国的长江、黄河。冰川素有“天然固态水库”之称,青藏高原的冰川储量约占亚洲冰储量的 29.2%,中国冰储量的 81.6%,是地球上除南北极外冰储量最大的地方,被誉为“地球第三极”,它就像一座天然的高塔,将冰雪融水源源不断地向外输送。2019 年,《自然》杂志刊出一项关于全球水塔的研究成果,在全球 78 个水塔单元中,“亚洲水塔”占 16 个,地位异常重要,同时也最脆弱。有研究显示,近年来青藏高原的很多冰川末端后退明显,冰量急剧减少。冰川融化带来的后果是短期内水量会增加,在第二次青藏高原科考期间就发现,近 50 年间,青藏高原湖泊总面积增加了

20%,水量增加了约170立方千米;河流径流量由原来的5 500亿立方米增加至6 500亿立方米。但长期来看,随着冰川的持续减少,“亚洲水塔”的供水能力正在减弱,以季节性冰川融水补给为主的河流能够提供的淡水量会越来越少。

从长期来看,美国国家海洋和大气管理局于9月6日发表的年度气候报告显示,2022年全球温室气体浓度达到有记录以来的最高水平,全球变暖趋势加剧。

近年来,随着极端天气事件频发,全球气候风险加剧,应对气候变化已成为全球共识。2023年1月,世界经济论坛发布《2023年全球风险报告》指出,“气候行动失败”是全球面临的最严重的长期风险。而在2021年和2022年的全球风险报告中,气候变化均位于严重风险的前列。

气候异常带来的灾害天气使得农业、工业及服务业均遭受巨大损失,中国是一个极端天气多发的国家,随着全球变暖加剧,高温干旱、洪涝暴雨等自然灾害层出不穷,保险业作为经济减震器和社会稳定器,在应对气候风险、推动社会低碳转型方面发挥着重要作用。在气候异常风险加剧的背景下,保险公司若既要履行风险承担的责任,又要实现自身可持续发展,就要将风险减量作为一个突破口,实现风险管理模式变革。

气候异常形势严峻　风险减量正当其时(下)

刘新立

2023-10-11

从灾害风险保险的中端，即灾害保险的承保与理赔来看，保险业需要从风险减量角度寻求突破。

第一，气候异常对保险定价的基础——风险评估形成挑战。极端气候事件的不确定性和复杂性可能使风险评估变得更加困难。保险公司需要不断改进其模型和分析方法来更准确地评估风险。这可能需要更多的投资和资源。如果能够通过采用与风险减量相关的技术手段或打造参数化保险等创新产品降低一部分承保风险，对于潜在的风险评估模型风险也有一定程度的抵消。

第二，气候异常会带来更高的索赔成本。极端天气事件，如飓风、洪水、林火和暴雨可能导致更多的索赔。这些事件通常会造成巨大的损失，包括房屋、商业和车辆的损害，因此保险公司需要支付更多的赔偿金。这可能导致保险公司的索赔成本上升，从而影响其盈利能力。

据媒体报道，在一连串极端天气事件过后，美国越来越多的大型保险公司不再提供易受灾害影响地区的房产所有者最需要的承保服务。这意味着这些区域的个人和家庭不仅可能失去至关重要的保险保护，而且随着全球变暖，他们暴露于自然灾害的风险还会增加或强化。在这样的趋势下，风险转移需求和供给的矛盾逐渐凸显。

从灾害风险保险的后端，即再保险等分散承保风险的渠道来看，保险业也需要积极探索风险减量模式。

第一，再保险分出人面临资本挑战。作为承接保险公司超额风险分散的再保险公司，也会受到极端气候事件的影响。同时，随着气候变化导致的巨灾损失不断增大，与之相关的保险需求也在不断增长。根据瑞士再保险公司的数据，到 2040 年，气候变化将使风险资产池扩大 33%—41%，随着灾难损失激增，全球新增财产保费将达到 1 490 亿—1 830 亿美元，届时财产保险公司尤其是再保险公司的潜在市场将扩大两倍以上。而潜在的经济增长和城镇化率提速，也将进一步推动保险需求增长。但目前再保险市场的资金供应规模，基本上无法与庞大的需求相匹配，整体将呈现供不应求的态势。事实上，再保险市场注资不足以及由此造成的供应短缺，已经在价格过高上体现出来，安永华明会计师事务所在其2023年报告中就指出，由于气候变化背景下灾害多发，再保险费率需要上涨50%才能抵消不断上涨的赔付成本。这种情况下，许多保险公司的分出需求无法得到满足。

第二，保险连接证券市场扩容受阻。保险连接证券是保险公司向资本市场转移巨灾风险的重要渠道，包括巨灾债券、行业损失担保等。对于资本市场的投资者来说，由于传统的多元化策略在压力时期并不总是奏效，作为一种低相关性的资产类别，保险连接证券兼顾了多元化和稳定回报，具有一定吸引力。随着巨灾风险的增大，2023年上半年巨灾债券发行量达到创纪录的约97亿美元，这已经超过了2022年的发行总额。其中，巨灾债券市场规模在过去5年中持续增长，一直是保险连接证券市场的亮点之一。然而，这一资产类别的更高回报能否吸引更多资本却是一个悬而未决的问题，这主要是因为巨灾风险对于金融行业人士来说略显陌生，一些投资者可能会关注其他更熟悉的资产类别，这些资产类别也能提供较高的预期回报，且流动性更大，波动性可能更小。

基于上述分析，在前端、中端和后端压力都增大的情况下，保险公司应积极探索模式创新，增强持续提供相关风险保障的能力，提高防灾、减灾、救灾能力，助力中国经济行稳致远。

一方面，风险减量本就是保险的题中应有之义。虽然这一称谓是近来才在行业中广为讨论的，但具体所指对于保险来说既不陌生，也不是额外的工作，它本来就是保险对风险进行分散的机制中的重要组成部分。围绕核心的承保理赔环节，保险投资、风险评估等都是必不可少的工作，其中也包括损失控制及安全激励，即风险减量。事实上，保险业在这一领域有很多经验，例如承保了烟叶保险的公司和当地气象部门合作，通过人工影响天气降低冰雹灾害发生概率；又如，保险公司通过总结历史索赔数据，为社会提供风险知识培训，并向客户提出应对气候变化与极端天气灾害的防灾减损建议。类似这样的工作，看似造成了额外的支出，但却在更大程度上降低了理赔金额，由损失控制而进行的风险减量工作是服务于保险公司自身利益的，进而有助于降低价格，惠及众多投保人。毕竟只有在价格上具有可行性，保险才可以发挥社会稳定器等方面的作用。

另一方面，风险减量是保险业安全激励功能的结果体现。风险减量工作并不仅仅指控制型的技术措施，而且包括费率调节和产品创新等更为专业的措施。也就是说，有一部分风险减量行动完全可以通过现有的保险业务环节来完成，无须设立单独的环节，这些也正是保险业独特的影响投保人风险行为的途径。例如，早在几十年前，美国国家洪水保险计划就通过对不同风险区设置不同的承保条件和费率，以及相应的联邦灾害补偿获得条件，使得部分投保人搬离洪水高风险区，从而降低了社会所面临的洪水风险。又如，一些欧洲保险公司近年来通过提供低费率等优惠，鼓励客户在房屋中采用防洪门窗、建立天气警报系统等。再如，通过产品创新，天气指数保险极大降低了投保人的道德风险，其防灾、减灾、救灾的意识得到激励，这些都是保险业以其独特的行业经营机制促进安全的体现，应将这一功能发挥出来，在巨灾风险形势严峻的背景下，运用这些安全激励手段，调动和引导众多风险承担者的积极性，撬动更多降低风险的力量。

普惠型人身保险的定位和发展

姚　奕

2023-11-01

2023年10月，国务院公布《关于推进普惠金融高质量发展的实施意见》（国发〔2023〕15号，以下简称《意见》），指出"新形势下，普惠金融发展仍面临诸多问题和挑战"这一现状，并提出未来五年要基本建成高质量普惠金融体系的目标。

结合2022年12月中国银保监会曾公布《关于推进普惠保险高质量发展的指导意见（征求意见稿）》，可以看出从顶层设计上将普惠保险作为一个重要板块纳入普惠金融全盘规划的战略意图。在《意见》中，还专门列示了“完善高质量普惠保险体系”的实施意见，从农业保险、普惠型人身保险和商业养老保险三个方面具体推进，从中可以梳理出未来五年的发展主线。

就普惠型人身保险的可持续、高质量发展而言，笔者认为最主要的难点在于其定位问题，也就是说这类险种到底属于商业保险还是政策性保险，依旧不够明确。在《意见》中与其并列的其他两类普惠保险产品中，这一问题已经比较清晰。三大主粮的农业保险属于政策性保险，在此基础上鼓励各地因地制宜调动商业保险公司的积极性，发展特色农产品保险和收入型险种。而养老保险也是在现有的两支柱之外，鼓励保险公司开发各类商业养老产品，以对接基本养老金、企业（职业）年金之外的需求。而针对普惠型人身保险（如“普惠健康保”），其产品定位依旧比较模糊。

将普惠型人身保险定义为纯粹的商业保险，显然并不准确。以“普惠健康保”为代表的普惠型产品的成功在很大程度上依靠各地政府的信用背书和大力宣传推广，允诺以较低费率以及宽松的核保要求（如放宽年龄限制和既存疾病限制），从而得以在较短时间内吸引大量的市民投保，成为现象级的保险产品，其经营目的、核保流程、定价策略、营销渠道都显然有别于传统的商业险种。

但如果说普惠型人身保险属于政策性保险，也有失偏颇。从字面定义上看，它还是由商业保险公司经营的，商业保险公司需要充分发挥主观能动性，并在长期内实现可持续发展。政府的推动和背书在起步阶段至关重要，但是政府支持的力度和手段是有限的；甚至长期看，往往是递减的。

普惠型人身保险的定位问题从根本上说，是一个经典的经济学问题在具体险种上的映射，也就是政府和市场的关系与分工。笔者认为，政府能够最有效地推动普惠保险市场可持续发展的功能在于以下两点。

第一，从顶层设计方面明确普惠型人身保险在整体人群保障中的定位和作用，以及与其他相关社会保险项目的关系。回顾历史，过去二十多年来我国针对中低收入人群的险种经历了“三农”保险、小额保险、扶贫保险和普惠保险四个阶段，每个阶段都有不少各地试点探索出的成功经验。实践证明，一些国外成功的模式并不适合照搬。包括社区互助医疗、孟加拉国乡村银行在中国的试点等，都证明了经验移植不一定成功。这与我国乡土社会的关系网络、基层组织结构的发展阶段这些基础国情相关。在我国的诸多成功经验中，政府的主导和推动起着很关键的作用，这表明中低收入人群对于政府存在信任感。因此，整体上针对中低收入人群的政策不具有长期性，使得许多保险项目的运转和展业难以持续。

第二，监管机构应针对普惠保险发布相对宽松的政策。例如，运用“监管沙盒”降低准入门槛，允许多元主体加入。鼓励科技公司利用数据和技术优势压低成本，进行有针对性的产品设计，以更好地服务中低收入群体。进一步扩大主体类型，考虑将一些和乡村振兴战略相关的组织纳入普惠保险发展的框架。通过明确试验期的时间窗口，建立更加灵活的准入、退出机制。此外，政府可以在费率制定和税费减免方面给予普惠保险更加优惠的政策，以鼓励和激发提供方的主动性，提供普遍优惠，实现普及保险服务。

与之相对的，市场的功能和责任在于贴近目标客户进行实地调研，设计适应大众保险需求的产品，并且充分调动资源和运用日新月异的科技手段，大幅降低管理费用，提高长期财务稳健性。目前，科技手段在保险业的运用已经出现了很多场景和模式，线上投保、亲友组团投保获得优惠、智能客户画像等都较为成熟。从长远看，“00后”这一代人在成长的过程中，几乎天然地和网络、科技融合在一起，科技的普及性和可及性日渐成熟。从这个角度来看，普惠保险也是一个历史阶段的产品形式。在这个时点上，在幅员辽阔的国土上，地区性和人群性差异依旧巨大，但普遍性的趋势使线上、线下的社会网络连接愈发紧密。

近期一些关于保险意识和保险教育的实验研究普遍发现，如果产品设计对应客户需求，即便只是通过点状的简单培训和宣传动员，辅以真实受灾事件发生和赔付，都能够以点带面通过社会网络带动保险需求。购买普惠保险的这种决策在很大程度上是经验性的，可以被团体行为带动。作为普惠保险，更应该善用社会网络和科技手段的影响，有效率地实现普及。

实现普惠保险的高质量、可持续发展，问题的关键在于政府把定位厘清、机制理顺，从而让提供方有积极性设计合适的产品，让需求方能够被市场看见，降低交易中的摩擦和成本。通过普惠保险的发展，也能够形成合力，助力整体普惠金融体系完善升级。

保险资金运用结构的发展方向

吴诚卓

2023-11-22

进入21世纪以来，保险投资渠道限制的放开和多元化助推我国保险资金运用结构持续优化，保险资金投资渠道日益多元和丰富。

一、资金运用渠道不断拓宽

《中华人民共和国保险法》(1995)明确指出保险资金仅可投资于银行存款、政府债券、金融债券和国务院规定的其他资金运用形式。但此后连续降息导致存款及债券收益率急剧下降、寿险公司面临巨额利差损风险，资金运用放开的呼声日益强烈。

1998年中国保监会成立后，积极探索拓宽保险资金运用渠道——1999年，允许保险资金投资于同业拆借市场；2003年，可购买信用评级AA级以上的公司债券，并允许间接投资证券市场；2004年，允许投资次级债券和可转债，同时可直接入市。2005年，新增短融投资；2006年，新增可间接投资于国家重点基础设施项目、未上市商业银行股权等；2007年，进一步开放境外货币市场、固定收益与权益市场产品；2009年，保险法修订，明确可投资于不动产，并于次年开放未上市股权投资；2011年及之后，陆续放开资产证券化产品、股指期货、国债期货等多类投资渠道。此外，资产配置比例等诸多限制也同步放开。例如，1999年保险资金可间接入市规模比例为总资产规模的5%，到2014年上限已提高至30%。而后，2020年针对偿付能力充足率业内领先的保险公司，率先放松权益类资产比例上限至45%。得益于保险资金投资限制的放开和渠道多元化，资金配置结构持续优化。收益率较低的银行存款配置比例持续降低，由2000年年初的40%左右降低至2022年的11.3%。资产配置结构也持续丰富；银行存款、债券及股票和基金外的其他资产配置比例由2000年年初的不足10%提升至当前35%的较高水平。债券类资产配置比例虽然基本保持在30%—50%的区间范围内，但投资债券品种也已有所优化，由最初局限于政府及金融债券扩展至更多债券品类。整体而言，我国资金运用结构近年来已显著优化，日益呈现多元化格局。以占据保险资金主导地位的寿险资金为例，据国家金融监督管理总局网站披露，截至2022年第四季度，我国寿险资金运用中银行存款、债券、股票、证券投资基金及长期股权投资占比分别为9.9%、41.7%、7.8%、5.4%与10.3%。

二、资产配置仍可优化

结合我国保险资金运用结构现状并参考全球成熟发达保险市场情况,进一步展望未来保险资金运用结构发展方向:优化资产配置种类及占比,尤其是资金使用效率较低的短期银行存款;改善资产负债久期匹配;在合规前提下提升全球化配置比例以进行有效风险分散。

首先,资产配置种类仍有进一步优化空间。当前我国保险资金运用结构中银行存款占比仍然偏高、权益类配置比例偏低。参考美国及日本为首的发达国家寿险资金配置情况,可发现银行存款投资比例基本保持在3%以内,对比我国保险资金10%左右的银行存款投资占比相对偏高。权益类资产方面,股票、基金及长期股权投资合计投资比例约23.5%,而美国仅股票配置占比即达到30%,对应显示出较大差距。考虑偿付能力监管要求,2022年保险公司综合偿付能力充足率多在200%的水平以上,据《保险资金运用管理办法》(保监会令〔2018〕1号)规定,权益类资产配置比例上限至少在30%,对应权益类资产配置仍有一定切实可行空间。偏高的存款配置比例与偏低的权益类资产配置比例将阻碍保险资金收益率的提升。尤其在利率下行渐成趋势、"低利率时代"渐行渐近背景下,银行存款收益率水平呈现持续下降预期,保险资产端运营压力逐渐增大。因此,在保障适当流动性和偿付能力的基础上,保险资金投资定期存款的比例未来可以尽量缩减优化、同时适当增加优质权益类资产配置力度，以帮助提升资金收益率、缓解资产端运营表现压力。

其次，资产负债久期匹配仍有进步空间。当前我国保险业资产负债久期不匹配的现象较为突出，据中国银保监会相关人士介绍，2019年我国人身险负债久期为12.44年，而资产久期为5.77年。资产负债久期大规模错配容易引发利差损风险及再投资风险。一方面，利率下行趋势下新增资产收益率呈现同步下降趋势，例如当前30年期国债收益率不足3.5%，已难以覆盖部分长期保障型产品最低保证利率。另一方面，发达市场保险资金运用中一般将具有长久期属性的寿险责任准备金投资于长期债券、房产抵押贷款和基础建设投资等资产品种。而我国寿险当前仍难以投资于规模容量较大的房产抵押贷款等资产种类，由此面临长期优质资产供给不足的问题。行业年均新增超2万亿元保险资金，此外还有潜在到期资金，上述大规模资金在久期不匹配与优质资产荒情形下容易引发再投资风险。对此，保险资产管理机构未来可以重视久期管理，在合理管控风险的基础上，向具有较长久期且较高收益的另类资产、境外资产等品类进行适当倾斜；优化固定收益类资产期限结构、拉长资产久期，多措并举降低资产负债期限缺口。

最后，我国保险资金全球化配置比例仍有提升空间。当前国内保险业配置海外资产比例仍然较低，导致收益率容易完全受国内金融市场等的影响、不利于资产端的风险分散。据财新网报道，截至2022年年末，保险机构境外投资余额约为832亿美元，占上季度末总资产的2.49%，距离15%比例的上限仍有显著可操作空间。参考美、日市场经验，其保险资金投资对全球化配置较为重视。例如，日本寿险资金仅外国证券投资占资金运用余额比例就已超过25%;作为优质长期资产供给已较为丰富的发达市场,美国保险业资金也仍有20%左右配置于海外。一方面,较低的境外投资比例不利于分散风险。从投资组合角度出发,将投资分散到不同的地区有利于降低整体投资组合的风险;另一方面,考虑到国内长期资产供给相对不足,较低的境外投资比例实际上等同于放弃了大量海外长期优质资产。综上,当前我国保险资金境外配置仍需优化,这可能是未来保险资金运用的重要方向之一,能够对保险资金分散风险、提升收益与优化久期形成重要帮助。

积极运用助推干预　助力商业健康保险发展

刘佳程

2023-11-29

积极发展和壮大商业健康保险在构建我国多层次医疗保障体系中发挥着重要作用。党和国家高度重视商业健康保险的发展——《“健康中国 2030”规划纲要》《“十四五”国民健康规划》等重要文件中多次强调要健全以基本医疗保障为主体、其他多种形式补充保险和商业健康保险为补充的多层次医疗保障体系，增加商业健康保险供给，积极发展商业医疗保险。

然而，现阶段我国商业健康保险仍然面临需求不足、参保率较低的问题。这一现状严重限制了商业健康保险在卫生筹资与化解居民健康风险方面所能够发挥的作用。笔者关注到近来行为经济学关于干预政策的一些研究成果可以应用于实践,有利于科学地干预人们的决策,以提升商业健康保险需求。

行为经济学理论中的干预政策大致可以分为两类:传统干预(Traditional Interventions)以及助推干预(Nudge Interventions)。其中,传统干预从经济动因角度切入,主要通过改变购买保险的成本和收益影响居民投保行为,撬动保险需求。其典型代表是提供保费补贴、强制投保规定(并对不参保人员收取罚金)和保险知识宣传教育等。这些传统政策手段已被证实具有较为显著的干预效果。我国在推广一些新型保险产品时已有实施。例如,研究发现保费补贴和保险教育有效地提高了江西省农户对天气指数保险的投保意愿。

另一类干预政策则基于助推理论(Nudge Theory)。它依赖于行为经济学对于人脑决策过程的解读,力求在不变更经济动因、不施加行为约束的前提下,通过更为温和的方式引导保险购买。正如著名经济学家、诺贝尔经济学奖得主理查德·塞勒(Richard Thaler)和著名法学家凯斯·桑斯坦(Cass Sunstein)在2008年合著的有关助推理论的经典著作《助推:如何做出有关健康、财富与幸福的最佳决策》中所言,“助推干预不是一种强制要求。是否接受干预必须是消费者可以选择的”。助推干预的典型代表是投保协助、投保提醒和默认投保机制。学界普遍认为,助推政策不失为一种行之有效的干预手段。已有研究表明,在扶贫项目中,通过简化贫困户申请扶贫救助的操作和审批流程、向目标人群邮寄项目传单等措施,政府可以提升扶贫项目的参与率和社会福利。

相较于更为强硬的传统干预手段，温和的助推干预主要具有以下两点优势：一是政策干扰最小化与目标对象选择自由最大化。由于不对投保行为施加强制行政约束、也不改变购买保险的成本和收益，目标人群可以选择不受干预措施的影响，最大程度保留个体选择权。例如，个人可以选择性地忽略一则政策宣传短信。相比之下，在传统干预的框架下，与政策鼓励的行为方向背道而驰则可能面临着高昂代价。例如，美国罗得岛州曾推行过一条法令，符合条件的个人如果不在规定期限内参与扶贫医疗保险并定期续保，就将永久丢失该保险的参保资格。健忘的低收入个体可能因为忘记续保而在不经意间丢失政策保险参保资格，导致高额福利损失。

二是能以较少的财政投入换取比较显著的干预效果，即政策的相对有效性较高。已有研究表明，在达成养老金和扶贫保险参与、大学入学、疫苗注射等公共政策目标时，助推干预的相对有效性可能数倍于传统干预。助推干预往往依托发送提醒短信、变更宣传方式与设置默认投保选项等更为低廉、易行的执行手段，有助于试点或大规模推行。

基于助推干预的理论，以及已被大规模证实的各国实践效果，我国政府和业界可以考虑更多地运用助推手段干预，提升商业健康保险需求。事实上，我国商业健康保险领域已经在一些险种中初步运用了助推干预，并取得了很好的效果。例如，在普惠健康保险投保截止日期前向目标用户发送投保短信提示。为了更好地运用助推干预手段，并借鉴国际实践，笔者认为应从以下三方面着手：

第一，建立完备的组织平台。全球已有超过200个国家和地区组建了政府助推工作小组（Nudge Units），广泛招募行为经济学家助力公共政策推行。其中，2010年成立的英国行为洞见团队（The UK's Behavioral Insights Team，以下简称“BIT”）是最为知名的工作小组之一，其目标领域包括养老金和税收缴纳，以及器官捐赠等。在新冠疫情期间，BIT与英国卫生部门合作开发了一套疫情防控举措，利用提示短信激励民众遵守疫情防控规定，有效地助力政策效果的达成。

第二，组织专家学者对潜在的干预政策进行先验评估，确定最有效的干预方案进行推广。以BIT为例，为甄选出最为高效的防疫短信提示文字，该团队应用行为经济学理论和实验经济学方法，开展了超过50轮的线上实验进行实证分析。具体到疫苗接种方面，BIT还额外开展了一项大型实地试验以探究如何利用短信提醒促进疫苗接种，超200万人参与了该实验，为该方案实际推行提供了重要证据。

第三，尝试探索将助推干预与传统干预结合的干预模式，关注政策间的交互作用。从国际实践来看，将简化助学贷款申请流程（助推干预）与提供学杂费补贴（传统干预）相结合可以更有效地提升大学入学率。在提高养老年金参与率方面，研究发现公司将默认员工投保作为员工的养老年金计划的初始选项（助推干预）可以提升参与率；在此基础之上，提供养老金补贴（传统干预）可以进一步调动员工参与养老年金计划的积极性。

基于我国国情，笔者认为可以采取由政府牵头，保险公司、高校和研究所等机构积极参与的形式，组建专业的助推工作小组，在目标领域探索助推干预的实践，以增加商业健康保险需求。政府利用组织能力、执行力和信息整合能力的优势，为助推干预提供平台和组织基础，并监督干预的实施和效果。保险公司可以提供业务经验、数据、渠道和客户群体特征画像，提供实践基础。高校和研究所可以运用专业技能开展实验分析，对助推干预政策推广的可行性进行预评估，多方合力共同促进商业健康保险的持续发展。

提高气候风险的保险应对能力

郑　伟

2023-12-06

2023年12月，《联合国气候变化框架公约》缔约方第二十八届会议（COP28）在阿联酋迪拜举行，气候变化再次成为全球关注的焦点议题。保险与气候变化有何关系，保险公司和保险监管应当关注哪些风险，本文从美国财政部长珍妮特·耶伦（Janet Yellen）的一次讲话谈起，对这些问题进行初步讨论。

一、气候变化对金融构成挑战

2023年3月，耶伦在联邦保险咨询委员会会议上谈道，“2022年，美国保险仅覆盖气候相关灾害总经济损失的60%。这一‘保障缺口’（即未被保险覆盖的40%部分）表明，美国人在寻找可得且可负担的保险方面仍面临挑战。这可能会为房产所有者及其资产价值带来重大后果，并进一步对金融体系产生连锁影响”。耶伦对这一保障缺口心存焦虑，她的基本逻辑大致是，如果40%的保障缺口暴露在风险中，那么一旦发生灾害事故，这些未被保险覆盖的资产就会遭受损失，由于这些资产的所有者往往与金融机构存在联系，因此灾害损失很可能会波及金融体系，带来负面冲击。

耶伦此番讲话有几个基本背景：一是政策层面，近年来美国政府对气候风险的政策关注度显著提高。2021年10月，美国金融稳定监督委员会（FSOC）将气候变化确定为威胁美国金融稳定的新兴风险。2022年，美国联邦保险办公室（FIO）将提升对保险业气候相关风险的理解作为主要优先事项之一。二是灾害层面，气候风险对美国经济社会的负面影响日益显现。即使进行了通货膨胀调整之后，过去5年间美国年均发生损失10亿美元以上的自然灾害数量也比20世纪80年代至少增加了5倍。三是市场层面，美国保险公司开始在高风险地区改变经营行为。在加利福尼亚州、佛罗里达州和路易斯安那州等飓风、洪水或山火相对高发地区，保险公司开始提高保险费率甚至撤出当地市场，以应对不断上升的保险损失。

二、提高气候风险保险覆盖率

以上信息可以引发我们对中国气候风险与保险的相关思考。在气候变化、自然灾害加剧的背景下，一方面，中国保险业应当积极提高气候风险的保险覆盖率,降低气候变化对经济社会的负面冲击,更好地发挥保险业的经济减震器和社会稳定器功能;另一方面,随着保险覆盖率的提高,如何提高保险公司应对气候风险的能力,如何对保险业的气候相关风险进行有效监管,确保保险业自身的长期稳健发展,也是一个重要议题。

从气候风险的保险覆盖率看,中国处于较低水平。中国没有公布直接可比的自然灾害经济损失的保险覆盖率,但通过一些数据可以管中窥豹。比如2021年7月河南省暴雨灾害损失的保险覆盖率约为10%,这一保险覆盖率不仅远低于美国2022年60%的水平,而且也远低于全球2022年45%的平均水平。如果保险覆盖率无法提高,那么保险业服务经济社会发展的效果就要大打折扣了。因此,提高气候风险的保险覆盖率,更好为经济社会发展保驾护航,是未来一段时期中国保险业发展的一项重要工作。

从气候风险的保险应对与监管看,全球均面临挑战,中国也不例外。气候相关风险通常包括物理风险(Physical Risks)、转型风险(Transition Risks)和诉讼风险(Litigation Risks)。从保险公司视角看,气候风险可能引致的风险包括保险风险、市场风险、信用风险、操作风险、声誉风险、流动性风险等。这些风险连同战略风险,恰好是我国"偿二代"监管体系所关注的保险公司的七大风险,这说明气候风险对保险公司的影响是全方位的。

保险风险是指由于赔付水平、费用水平等的实际经验与预期发生不利偏离,导致保险公司遭受非预期损失的风险。比如,气候变化可能导致灾害事故发生的频率和幅度上升,导致更多超预期的财产损失、责任损失和人身损失赔付。市场风险是指由于利率、权益价格、房地产价格、汇率等不利变动，导致保险公司遭受非预期损失的风险。比如，保险投资资产的价值可能因气候政策变化或潜在气候风险而发生贬值。信用风险中最典型的是交易对手违约风险，即交易对手不能履行或不能按时履行其合同义务，导致保险公司遭受非预期损失的风险。比如，保险公司通常持有大量的公司债券，债券发行人可能因气候风险而遭受资产贬值、利润下降，从而引致债券违约。操作风险是指由于不完善的内部操作流程、人员、系统或外部事件而导致直接或间接损失的风险。比如，气候灾害发生地的保险公司，可能因电力中断或设施破坏而引发操作风险。声誉风险是指由于保险公司的经营管理或外部事件等原因，导致利益相关方对保险公司产生负面评价，从而造成损失的风险。比如，在全社会积极应对气候变化的大背景下，如果保险公司承保或投资某些碳密集行业，就可能引致声誉风险。流动性风险是指保险公司无法及时获得充足资金或无法及时以合理成本获得充足资金，以支付到期债务或履行其他支付义务的风险。比如，气候风险可能在保险公司负债端引发巨灾风险事件和重大理赔事件，也可能在保险公司投资端引发投资大幅亏损，这些都可能对保险公司流动性水平产生负面影响，甚至引发流动性风险。

随着气候变化的加剧，不仅保险公司应对气候风险的能力需要提高，而且保险监管应对气候风险的能力(即对保险公司气候风险进行监管的能力)也要与时俱进地提高。目前，国际上已经有一些国家和地区开始在保险监管层面采取行动。在气候变化领域，加强保险业、保险监管的国际交流与合作，对于更好发挥保险在人类社会应对气候风险方面的作用具有积极意义。

发挥保险业功能　让“任性”社会变成“韧性”社会

郑　伟

2023-12-11

“发挥保险业的经济减震器和社会稳定器功能”是中央金融工作会议对保险业提出的明确要求。高质量发展是全面建设社会主义现代化国家的首要任务，金融要为经济社会发展提供高质量服务。保险业为经济社会发展提供高质量服务的重要方式就是发挥经济减震器和社会稳定器的功能。

我们生活在一个充满风险的“任性”社会，如何应对这些风险？有时我们可以选择风险规避，但更多的时候我们需要直面它们，采取防损减损等方法进行风险控制。然而即便如此，我们也永远无法彻底规避风险，因此在很多情况下我们还需要通过风险转移等手段进行风险融资。保险作为典型的融资类风险管理制度，如果安排得当（即发挥其经济减震器和社会稳定器功能），则能让一个充满风险的"任性"社会变成具有较强风险复原力的"韧性"社会。在现实中，与我国经济社会发展的要求相比，以及与中央金融工作会议的要求相比，我国保险业发展虽然取得了显著成绩，但未来仍然任重道远。

一方面，从国际比较看，世界前两大经济体之间的"保险差距"远大于"经济差距"。当前，中国是世界第二大经济体和第二大保险市场，美国是世界第一大经济体和第一大保险市场，数据表明，中美之间的"保险差距"远大于"经济差距"。2022 年，中国的 GDP 相当于美国的 71%，但中国的保费收入仅相当于美国的 24%，保险密度大致相当于美国的 5.5%，保险深度大致相当于美国的 33.1%。

另一方面，从国内要求看，国家经济社会发展对保险业提出了很高的要求，但保险的供给与需求之间不平衡、不适应的矛盾依然突出，高质量发展仍面临多重挑战。

未来一个时期，中国保险业应当重点做好以下几个方面的工作：

第一，持续深化市场改革，加快建设现代保险市场体系。中国保险业经过改革开放四十多年的恢复发展，已经形成了一个要素基本完备的保险市场体系，但是与建设"现代保险市场体系"相比仍有较大的差距。保险业应当在市场准入、市场退出、市场体系建设、重点领域改革、世界一流保险机构建设等方面有所突破。

第二,深入挖掘专业优势,扎实服务新阶段经济社会发展。在新发展阶段,经济社会发展面临许多新任务,也对保险业发展提出了许多新要求。保险业应当深入挖掘风险保障与资金融通等专业优势,为新发展格局构建、多层次社会保障体系建设、“三农”发展和乡村振兴、国家灾害预防与救助体系建设、社会治理创新、支持经济建设作出更大的贡献。

第三,主动对接重大战略,助力健全对外开放安全保障体系。保险业应当主动对接“一带一路”相关风险保障需求,建立健全保险业服务“一带一路”工作机制,引导行业积极提供出口信用保险、海外投资保险等配套保险产品和服务,支持“一带一路”关键通道、关键城市和重大合作项目建设。应当加强与国际保险监管机构的交流合作,深入参与国际保险监管规则的制定工作,推动全球保险治理体系健康发展。

第四,有效实施分类监管,兼顾守住风险底线和释放市场活力。保险业应当进一步完善公司治理、偿付能力和市场行为“三支柱”监管制度,健全现代保险监管体系。应当持续补齐监管制度短板,在审慎监管前提下有序推进保险创新,健全风险全覆盖监管框架,提高保险监管透明度和法治化水平。应当有效实施分类监管,对不同风险水平的保险机构,配置不同的监管资源、采取不同的监管措施,在牢牢守住不发生系统性、区域性风险底线的同时,充分释放市场主体的内在活力。

CCISSR 政策与监管

保险监管制度对系统性风险的应对

张　畅

2023-02-10

2008年美国金融危机爆发后，全球经济衰退，系统性金融风险成为风险研究的热点和难点。系统性金融风险是指单个或少数金融机构，因某种因素而破产或面临巨额损失，并导致整个金融系统崩溃的风险。在美国国际集团（以下简称“AIG”）破产危机之前，人们普遍认为，相较于银行业，保险业发生系统性风险的可能性较小，主要原因有二：第一，保险公司破产是一个有序而漫长的过程。保险合同不会立即失效，保险索赔也将继续。因此，保险公司破产后,其存在仍然具有价值。第二,保险公司风险发生的速度快、强度大,不像金融风险一样可以瞬间发生转移,金融风险集中在资产负债表上,而核心业务也几乎不存在流动性错配。但是在AIG破产危机后,人们开始关注到保险业非核心业务,包括各类衍生品,发现它们的确存在系统性风险。此外,由于保险业与银行业的关系进一步深化,非传统保险业务将逐年增加,使得保险业发生系统性风险的概率也逐年增加。因此,完善保险监管制度对应对系统性风险的重要性不断凸显。

银行作为金融体系的主体,其监管体系也相对成熟。在1929—1933年的大萧条期间,大量的银行发生倒闭和挤兑,旨在保护存款人利益的存款保险制度应运而生。1988年,为维护银行业稳定,隶属于国际清算银行的巴塞尔委员会颁布了巴塞尔协议,开启了银行资本监管时代。2008年,美国金融危机突然爆发并迅速蔓延至全球,这表明金融微观监管体系再次失灵,控制或防范系统性金融风险成为监管部门面临的新问题。2010年9月,巴塞尔委员会发布了巴塞尔协议Ⅲ,将其作为启动宏观审慎监管概念的代表。至此,银行业对如何应对系统性风险已经有大量的研究和实践。学习巴塞尔协议Ⅲ的监管思路,可以帮助我们进一步完善保险监管制度,应对系统性风险。

具体来说,巴塞尔协议Ⅲ中应对系统性风险的方法主要包括两点:第一,设立“逆周期因子”。巴塞尔协议Ⅲ将资本与风险相结合,提高了银行的风险敏感程度,但也造成了资本要求的顺周期性,即由于商业银行需要满足最低资本充足率要求,在资本数量既定的情况下,资本充足率会随着风险资产规模的变动而变动,这种变动往往与经济周期一致,从而加大了实体经济周期波动的幅度。为了解决该问题，巴塞尔协议Ⅲ在资本要求中加入了逆周期因子，同时建立了具有前瞻性的动态拨备制度，引入了风险中性的杠杆率监管指标，并要求银行根据最低资本要求追加留存超额资本，形成了逆周期缓冲资本机制。

第二，巴塞尔协议Ⅲ划定了系统重要性银行，并对它们提出更高的监管要求。系统重要性银行是指由于在全球金融体系中居于重要地位、承担关键功能，其破产、倒闭可能会对全球金融体系和经济活动造成损害的商业银行。金融危机期间，风险在不同机构之间的传导对整个金融体系产生了巨大影响，严重影响了金融体系的稳定性。要避免系统性金融危机，就需要加强对全球系统重要性银行的监管。因此，对于这些银行，巴塞尔委员会和金融稳定委员会（FSB）要求它们拥有更高的资本充足率、更严格的杠杆率以及总损失吸收能力。这些措施确保银行有更多的资本来吸收损失，防止银行在危机中仅依赖政府救助渡过难关。

2013 年 5 月，中国保监会发布了中国风险导向偿付能力体系（C-ROSS，中国第二代偿付能力监管制度体系，以下简称“偿二代”）的总体框架，从定量资本要求、定性监管要求和市场约束机制三个方面对金融机构的风险和资本进行监督与管理。对于系统性风险的监管，该体系在一定程度上吸纳了巴塞尔协议Ⅲ的经验，但仍存在不足。

偿二代在逆周期监管方面的总体目标，是抑减保险业内在的顺周期机制，降低其与实体经济周期和金融市场波动的叠加效应，维持行业经营稳定，并发挥保险业对宏观经济稳定及金融市场波动产生平抑效果的作用。围绕这一目标，偿二代坚持微观审慎与宏观审慎相结合，对于可资本化、不可资本化的顺周期风险分类监管、分类治理，提出了一系列可行的措施。然而事实上，虽然在第一支柱的设计中，最低资本要求包含了应对系统性风险的额外资本，但在实践中暂时尚未实施，仍处于理论阶段，因此其最终是否有效尚未可知。

对于系统重要性银行的监管，2012 年 5 月，国际保险监督官协会提出了全球保险业系统重要性保险公司评估和监管的初步框架，其中给出了基于指标的评估方法。随后，金融稳定理事会据此首次发布了全球 9 家系统重要性保险公司名单，并在此后每年进行更新。但是保险监管具有区域性，这与巴塞尔协议Ⅲ普遍适用于全球银行资本监管不同。全球一致的监管规则可以减少监管套利，控制系统性风险从一个主要市场向另一个主要市场的扩散，而区域监管很难真正解决这个问题。因此，未来，进一步推动保险监管体系的全球化对于防范系统性风险具有重要意义。

随着国内金融市场的开放和深化，金融工具的应用不断发展，金融体系在整个经济中的作用日益增大。金融体系一旦不稳定，将严重影响实体经济发展，甚至引发经济危机。因此，保险偿付能力监管应不断完善，与银行资本监管一道，加强金融等领域重大风险防控，坚决守住不发生系统性风险底线。

数字化时代的保险业消费者保护

尹 晔

2023-03-31

数字化转型已成为中国保险业转型升级的动力。作为数字化转型的组成部分，大数据已广泛应用于保险业的营销、风控、理赔等方面，显著提升了保险业经营效率。然而，在大数据的获取、应用以及数据安全方面，保险消费者的权益保护问题也值得重视。考虑到数字化时代保护保险消费者权益存在的固有困难，监管方面可能需要采取更多措施。

第一，保险公司可能过度收集保险消费者信息，侵犯保险消费者隐私。根据《个人信息保护法》,保险公司在收集消费者信息时应按照“知情—同意”原则,仅收集“最小够用”范围内的数据。事实上,此类规定并非中国独有,欧盟《通用数据保护条款》也做出了类似的规定。根据2022年复旦大学大数据研究院大数据内生安全研究所和网络与数字安全保险研究所联合发布的《保险App用户隐私与个人信息保护的若干隐患》,保险公司App存在过度收集消费者信息的问题。监管层显然已注意到此问题,2022年中国银保监会办公厅下发《关于开展银行保险机构侵害个人信息权益乱象专项整治工作的通知》,拉开了银行业保险业全面开展《中华人民共和国个人信息保护法》履行情况的检查序幕。过度收集信息会对消费者造成不利影响,个人信息可能被泄露,并被用于商业活动。例如,消费者个人信息可能被互联网电商平台用以精准定价,即“大数据杀熟”。更严重的是,不法分子可能利用消费者个人信息进行诈骗。

第二,保险公司可能利用大数据在保费定价和核保时不公平地对待消费者。定价方面,保险公司有动机利用大数据根据消费者的支付意愿而非风险厘定保险费率。这在费率允许自由浮动的保险市场已经成为现实。例如,英国金融监管局2019年发布的《财产保险定价实践—中期报告》指出,英国部分财产保险的定价采用了大量与风险无直接关系的变量,例如消费者的购物和媒体使用习惯,而英国保险消费者对此并不知情。在中国,关于退货险“杀熟”的讨论也屡见不鲜。很显然,保险公司并未按照风险加成的方式定价,而是以最大限度攫取消费者剩余为目的进行定价。在风控方面,保险公司采用大数据核保也可能对部分消费者造成不利影响。极端情况下,当风险分层精细到个人层面后，每个人仅仅为自己的风险买单。而某些高风险的人可能因为保费过高难以支付保费，保险便失去“共济”功能。

第三，保险业可能存在数据安全问题。大量中小保险公司依赖第三方服务商提供的大数据服务，消费者个人数据在保险公司和第三方服务商之间传输时可能会泄露，且并非所有保险公司都对消费者数据进行了脱敏处理。此外，第三方服务商的操作故障也会导致数据泄露。由于某些第三方服务市场高度集中，因此造成的损失进一步加剧。以中国金融云服务为例，据国际数据公司（IDC）称，几乎所有中国金融机构在某种程度上都依赖第三方云服务。但是，中国的云服务供应商高度集中。2021 年，平台即服务（PaaS）市场价值 3.3 亿美元，由五家云服务提供商垄断，软件即服务（SaaS）市场中一家公司占据了 70%的份额。极端情况下，一家关键云服务提供商的故障可能导致大量消费者数据泄露。

数字化时代保护保险消费者权益存在固有困难。首先，在大数据获取方面，保险公司 App 所收集的信息列于用户协议中，然而用户协议过于冗长，消费者现实中一般并不通读而直接同意，这便形成了灰色地带。其次，在大数据运用方面，在人工智能算法的加持下，单纯禁止某些变量无法达到保护消费者的目的，这是因为被禁止的变量可能与合规变量之间具有相关关系，而人工智能算法能够帮助保险公司发现这种关系，即代理歧视（Proxy Discrimination），且保险公司很容易找到与被禁止变量有稳定关系的新变量。最后，在数据安全方面，由于成本限制，大部分保险公司仍然只能依靠第三方提供的大数据服务，“外包”仍将是商业竞争下的最优选择。

从保险业发展的角度来看,监管仍应鼓励保险业通过合法手段运用大数据,并鼓励竞争,这将最终有利于消费者。而在数字化时代保护保险消费者合法权益,需要采取更多措施。在数据收集阶段,应严格执行《银行保险机构消费者权益保护管理办法》(中国银行保险监督管理委员会令 2022 年第 9 号),并出台保险业 App 收集用户信息范围的行业自律性准则,将保险中介的信息收集纳入监管范围。在大数据运用方面,为严格遵守《中华人民共和国个人信息保护法》中关于自动化决策的透明和公正要求,可鼓励保险公司更加透明地公布用以定价和核保的变量,例如在保险投保界面以醒目形式标出,并出台行业自律性准则。在数据安全方面,应严格执行《银行保险机构信息科技外包风险监管办法》(银保监办发〔2021〕141 号),要求保险公司将外包风险管理纳入其综合风险管理框架中,禁止保险公司外包核心业务,并鼓励保险公司和第三方服务商使用联邦学习与差分隐私等先进技术,以确保数据在不同机构之间安全地交换。2023 年 3 月 1 日,《银行保险机构消费者权益保护管理办法》开始施行,该办法为各方提供了法律指引。数字化时代的保险消费者保护工作,方兴未艾。

金融机构资本监管将迎来新阶段

贾　若

2023-10-18

“做生意是要有本钱的。”对于银行业、保险业和金融机构来说，资本就是经营业务的本钱，是能够用来抵御风险、支持长期发展的“真金白银”。从金融监管的角度看，资本监管也是审慎监管的核心要素之一，是确保金融机构稳健经营、防范金融风险的重要支柱。

近年来，银行保险机构的资本监管持续完善。对于保险机构来说，2016 年，中国风险导向的偿付能力体系，即“偿二代”正式实施，在推进保险监管现代化建设、提升行业风险防控能力、促进行业转型升级、增强我国保险市场和保险监管的国际影响力方面发挥了积极作用。2022 年,中国银保监会开始实施《保险公司偿付能力监管规则(Ⅱ)》,以提升偿付能力监管制度的科学性、有效性和全面性。对于银行机构来说,监管部门正在逐步推进资本监管制度革新,中国银保监会于 2023 年 2 月公布《商业银行资本管理办法(征求意见稿)》(以下简称《征求意见稿》)。从修订稿内容可以看出,《征求意见稿》的修订延续了我国银行资本监管规则的制定逻辑,积极借鉴相关国际标准的同时结合了我国银行业实际情况。

总体上,《征求意见稿》修订尊重了巴塞尔协议Ⅲ国际监管改革的框架和思路,这也是中国作为国际金融监管规则制定机构重要成员国之一的题中应有之义。中国于 2009 年成为二十国集团的成员,实施国际监管标准成为具有约束力的义务。而从国际规则制定过程本身来看,无论是银行业的巴塞尔协议Ⅲ,还是保险业的全球保险资本标准(ICS),中国作为巴塞尔银行监管委员会和国际保险监督官协会的成员,都积极参与了规则的研究和制定,体现了我国作为重要新兴经济体的影响力。

《征求意见稿》的修订也反映了我国银行业资本监管历程的一脉相承。从 1994 年中国人民银行发布《关于对商业银行实行资产负债比例管理的通知》,参照第一版巴塞尔协议提出资本充足率监管指标,首次确立资本监管理念,到 2004 年《商业银行资本充足率管理办法》发布,提出"准确分类—提足拨备—做实利润—资本达标"的监管路线图,再到 2012 年《商业银行资本管理办法(试行)》(中国银行业监督管理委员会令 2012 年第 1 号)发布实施,提出分层次资本充足率监管要求,建立覆盖信用风险、市场风险和操作风险三大风险类别的资本计量体系，构建资本充足水平、监督检查和信息披露三大支柱的完整资本监管框架。在此基础上，此次《征求意见稿》修订对三大风险的风险加权资产（RWA）的计量方法进行了深度调整和细化，并大幅提高了信息披露的内容和频率要求，一方面提升了银行资本充足率计量的科学性和准确性，另一方面推动了市场和公众对银行资本管理相关信息的关注和约束。

同时，应该注意到的是，巴塞尔银行监管委员会始终表示其规则适用于国际活跃银行，并不强求将其推广至世界各国的本地银行机构。目前并无全球通行的国际活跃银行标准，各国在实施国际规则时，会结合本国实际情况确定适用国际通行规则的银行范围。此次《征求意见稿》修订也非常注重分层次、分类别的规则适用性，即监管机构所称的“匹配性”，根据银行规模、业务复杂程度、国际活跃程度和系统重要性水平的不同，适用复杂程度、精细化程度不同的资本计量和监管规则。巴塞尔协议Ⅲ国际规则固然具有相对较强的科学性，但其计量过程的复杂性意味着银行机构要面临更高的合规成本。我国有几千家大大小小的银行机构，尤其是有大量的农村银行机构，要求它们与大型银行适用同一套规则，无论是对中小银行还是对基层监管资源而言，都是不现实的。因此，需要在资本计量、监管精细化和合规成本之间寻求平衡。这一点与金融管理部门近年来推动分层分类监管的思路也是一致的。

因此，尽管此次《征求意见稿》进行了大幅修订，但由于分类监管机制的引入，预计将在很大程度上降低对中小银行的影响。尤其是第三档银行，即资产规模小于100亿元的小型银行机构，还针对其支农支小的特点，对本地业务和小额业务设置了进一步的资本优惠，这将对那些专注于服务小微机构和本地客户的小型银行带来资本节约的效应和正向激励。

《征求意见稿》的修订引起了金融业的广泛关注。经过公开征求意见，相信行业内的建议和诉求将会更好地在后续规则中予以体现。对于各界期待的最终方案，至少有两方面需要关注：

一是如何平衡政策稳定性、及时性与灵活性。距离上一次资本规则发布已有十年有余。对于银行监管的基础性规则，保持规则的相对稳定性确实是必要的。不可否认的是，经济形势、银行业务和风险特征的变化是迅速的，如何在政策稳定性与及时性、灵活性之间寻求一定的平衡，对于监管规则而言是一个需要考虑的问题。以房地产行业为例，仅在本轮银行资本规则修订过程持续的两三年时间内，行业形势已发生了很大的变化。考虑到当前的房地产相关信贷在我国银行业中仍具有一定比重，房地产信贷的资本计量要求对银行整体资本管理而言将具有重要影响。目前《征求意见稿》对以房地产为抵押的信贷资产的资本要求与国际标准相比明显偏高，如何合理设置政策起点，以及体现监管要求的调整空间，值得关注和思考。

二是政策实施的时间安排。《征求意见稿》提出，新规实施日期定在2024年1月1日，剩余准备时间已然非常紧张。对于那些面临规则大幅变动的银行机构而言，制度、系统以及传导至前端业务条线的调整迫在眉睫。相对而言，欧盟和美国等世界主要经济体都将巴塞尔协议Ⅲ的实施日期延后至2025年左右。正式发布的新规能否给予一定程度的过渡性安排，可能是许多银行关注的焦点。

保险公司操作风险管理面临新要求

贾　若

2023-10-25

2023 年 7 月 28 日，国家金融监督管理总局就《银行保险机构操作风险管理办法(征求意见稿)》(以下简称《征求意见稿》)公开征求意见。《征求意见稿》以国内银行保险机构在操作风险管理方面的良好做法为基础，吸收了巴塞尔银行监管委员会操作风险管理最新规则，对银行保险机构操作风险管理提出了新要求。

根据《征求意见稿》的定义，操作风险是指由于内部程序、员工、信息科技系统存在问题以及外部事件造成损失的风险。对于保险机构而言，操作风险是日常经营中常见的风险，随着行业发展，操作风险防控形势日趋复杂，骗保等理赔欺诈、销售误导造成纠纷、虚假承保等操作风险事件频发，不仅造成保险公司损失，还容易引发保险公司声誉风险。

从标题和内容上看，《征求意见稿》着眼于银行和保险机构操作风险管理领域的通用性要求，体现了“求同存异”的思路。从政策沿革的角度，《征求意见稿》是对 2007 年公布的《商业银行操作风险管理指引》(银监发〔2007〕42 号)的修订。此次修订首次将保险公司纳入了适用范围，并提出境内设立的保险集团(控股)公司和再保险公司等机构参照执行。同时，《征求意见稿》也充分考虑了银行与保险机构在业务流程与操作风险管理上的差异，明确指出保险公司不适用风险计量、计提资本等方面的要求。

银行和保险机构在操作风险相关等资本(偿付能力)监管要求上确有区别。由于操作风险与金融机构资产负债并无直接的量化关系，对操作风险的计量存在一定的困难。银行业在资本监管要求上，将操作风险作为三大风险之一，根据银行业务规模计算操作风险加权资产，用资本覆盖操作风险。相比之下，保险机构偿付能力监管将操作风险作为第二支柱定性监管要求，将保险公司的操作风险纳入风险综合评级予以评估。《保险公司偿付能力监管规则》第 11 号、第 12 号要求保险公司建立操作风险管理制度、治理架构，开展操作风险识别、评估、控制、监控、报告，开发操作风险管理工具并构建信息系统，建立了保险公司操作风险管理框架。

《征求意见稿》积极借鉴了近年来国际监管规则的最新理

念。在银行方面，巴塞尔协议Ⅲ对操作风险损失数据收集和应用提出了明确要求，2021 年，巴塞尔银行监管委员会还修订了《操作风险管理的稳健原则》，发布了《运营韧性原则》。此次《征求意见稿》也吸收了上述国际标准，首次在我国监管规则中提出运营韧性的概念，引入控制与保证框架、基准比较分析等新工具。将相关要求适用于银行和保险机构，体现了国际监管的先进理念及国际金融同业的良好做法，对于提升我国金融机构的操作风险管理水平具有重要参考和借鉴意义。

银行资本监管一直将操作风险作为三大风险之一进行资本计提，部分大型银行此前更是做了操作风险高级计量方法的相关准备，在建立操作风险管理架构流程、建立操作风险损失数据库并开展损失数据收集等方面具有一定经验。保险机构通过《保险公司偿付能力监管规则》的落地实施，在偿付能力评估上体现了操作风险要素，也相应建立起操作风险管理框架，进行风险识别与分析，建立和应用操作风险损失事件库和操作风险关键指标库，建立操作风险管理报告机制等。但与银行机构良好实践和《征求意见稿》提出的较高要求相比，还存在一定差距。

此次《征求意见稿》明确指出，银行保险机构应当建立与业务性质、规模、复杂程度和风险特征相适应的操作风险管理基本制度。同时，根据银行保险机构的规模和业务特点，在监管要求和实施进度上分类施策。参照前期监管规定的制定恢复和处置计划机构的认定标准，划分规模较大和规模较小的银行保险机构。对于规模较小的机构，适当简化要求，降低合规成本，例如，明确可不设立操作风险管理专岗，不强制要求建立独立的操作风险管理信息系统，在实施操作风险管理架构和职责、风险管理基本要求等方面给予一定过渡期安排。

对于保险机构而言,《征求意见稿》后续实施还需要开展大量准备工作。保险机构需要对标《征求意见稿》要求,结合自身业务性质、规模、复杂程度和风险特征,梳理与规则要求以及良好实践做法的差距,补齐内部管理框架和制度短板,推动操作风险管理能力不断提升。对于规模较大的保险机构,建设操作风险管理相关信息系统、开展量化分析、探索业务连续性与运营韧性管理等工作将是下一步合规重点。

偿二代二期规则带来挑战 逆周期监管亟须加强

朱南军

2023-12-20

2023年12月8日中共中央政治局召开的会议指出，经济工作要坚持稳中求进、以进促稳、先立后破，强化宏观政策逆周期和跨周期调节。会议精神对加强金融监管工作、持续有效防范化解重点金融领域风险、坚决守住不发生系统性金融风险的底线具有非常重要的指导意义。

2017年9月，中国保监会启动偿二代二期工程建设工作，旨在全面修订和升级偿付能力监管规则，提高监管的科学性、有效性和全面性。经历逾四年的建设之后，2021年年末中国银保监会公布《保险公司偿付能力监管规则（Ⅱ）》（银保监发〔2021〕52号，以下简称"偿二代二期规则"），于2022年第一季度开始正式实施。近两年的实践表明，偿二代二期规则优化了实际资本计量规则，强化了核心资本的损失吸收能力，进一步夯实了保险业资本质量；加强了保险业务和资产配置的政策性导向，对于提高保险业服务实体经济能力、促进保险公司提高风险管理水平、推动保险业实现高质量发展具有积极意义；强调风险管理实效，推动公司更加注重精细化风险管理。但同时，也给保险公司经营带来了一定挑战。

一、保险公司经营管理面临的挑战

一方面，保险公司偿付能力与资金运用面临挑战。

偿二代二期规则对夯实资本质量、优化资本风险计量起到了积极的作用；但同时也给保险公司资本管理带来了更大挑战，尤其是在利率走低、投资波动的环境下，保险业呈现逆周期经营特征，随着偿付能力监管政策趋严，保险公司资本管理矛盾更加凸显。2022年行业利润下滑，利差损风险加大的局面，除了资产端投资市场收益波动的原因，750日移动平均国债收益率曲线下滑也是重要原因。

在偿二代二期规则实施后，由于实际资本分级、35%认可上限的规定，导致750日移动平均国债收益率曲线下行的顺周期效应加大。一是目前750日移动平均国债收益率曲线下行，保险合同准备金增提。终身寿险等长期产品受到的影响尤为明显。这类业务积累的大量剩余边际无法对冲利率风险，导致当期利润亏损和长期待摊销的剩余边际积累同时发生，当期的财务表现与行业积累、发展前景错配。二是偿二代二期规则实施后，业务端产生的实际资本面临着资本分级和认可上限的双重约束，核心资本、实际资本与净资产挂钩，750 日移动平均国债收益率曲线的影响，通过净资产和保单未来盈余双重计量并挂钩，出现了乘数放大的效应，顺周期效应进一步加大。三是目前资本补充债作为重要的资本来源之一，其发行总额受到了净资产的比例约束，又进一步加大了偿付能力的顺周期效应。同时，受保单未来盈余资本分级的影响，若保单未来盈余增加，甚至还会挤占资本补充债的资本额度。四是在低利率环境下，资产固定收益下降，保险公司为维持长期稳定的投资收益，对权益资产配置占比提升有潜在需求。在低利率时期适度加大权益类资产的投资也符合保险业的国际经验。偿二代二期规则下提高了权益类资产的资本占用，进一步加大了保险公司在低利率时期的资本压力，导致保险公司对于利润和偿付能力管理的目标出现了偏离和矛盾，经常出现为应对偿付能力压力而卖出股票、为提升未来利润而买入股票的情况，这无疑增加了资本市场的波动性来源，不符合保险资金投资长期性的特点。长期来看，利润是资本的重要内生来源，现有对于权益类资产的资本惩罚和资本压力，不利于现有阶段保险公司投资收益的改善，没有逆周期调节效应的同时，顺周期效应进一步扩大。

另一方面，保险公司风险管理与声誉维护难度提高。

偿二代二期规则的发布，引导保险公司全面回归保险保障，坚持长期高价值业务和价值投资，加强公司治理和风险管理，推进行业转型升级；但同时也给保险公司风险管理与声誉维护带来了难度。

《保险公司偿付能力监管规则第11号:风险综合评级(分类监管)》着力完善了一期指标数量多、风险敏感性弱、结果区分度低等不足,进一步提高重点风险评分权重,100%风险指标量化计算,细化分类评级结果。

《保险公司偿付能力监管规则第15号:偿付能力信息公开披露》进一步扩展了保险公司偿付能力信息公开披露的内容,增加了对重大事项、管理层分析与讨论、外部机构意见、偿付能力报告审计重大变动等披露要求,有助于进一步提升信息透明度,充分发挥相关方的监督约束作用,更有效地防控偿付能力风险。但季度披露数据大幅增加,未来行业及公司将实现极高的透明度,加大了行业及公司的声誉风险。比如,每季度披露当年累计净现金流,公司将到期资产再投资后导致累计净现金流为负,容易给报告使用者造成公司流动性不足的印象,其实公司考虑存量现金及现金等价物后的余额为正,实际上现金流充足。净利润、投资收益率等是旧准则口径下的主要经营和财务指标,上市公司需披露新准则下的财务报告,在新旧会计准则下部分财务指标差异较大,且不具有可比性,若同时披露,会对报表使用者造成一定困扰,在一定程度上增加了公司的解释难度。

二、加强逆周期监管,维护保险公司财务安全与金融市场稳定

在利率趋势性下行的背景下,监管层已经积极出台各项举措,推动行业降低负债成本,提升负债质量,加强行业资产负债匹配,助力保险公司优化刚性负债成本,保持平衡稳健经营,长期来看有助于引导保险业回归保障本源,防范系统性风险,促进

行业高质量发展。

保险业具有天然逆周期属性，降息给保险业带来的是双向的系统性的影响：一方面，由于保险产品的保证利益和跨周期特征，在利率下行时期保险业务保持高增长；另一方面，降息对资产端也形成了挤压态势。监管通过引导行业降低负债成本，对负债端未来新增的利差损风险起到了及时的减压作用。但保险产品的长期性导致政策具有显著的滞后效应。在行业资产和负债久期缺口长期存在的情况下，利率下行时，现行评估准则下负债端承担的压力显著超过资产端，行业承受的逆周期压力陡增。

为了确保行业健康平稳发展与维护金融市场稳定，从完善逆周期监管政策体系角度，建议如下：

一是建议强化折现率曲线影响的逆周期措施，降低行业当期利润与长期趋势的错配。二是建议适当调高计入核心资本保单未来盈余的比例上限（至少50%），鼓励成长型公司开展长期高价值业务发展，提升内源性资本贡献能力，尤其是在当前利率走低环境下，适当放宽资本分级与保单未来盈余上限约束，能够为中小成长型保险公司争取一定过渡期限，一定程度上稳定行业偿付能力水平。三是建议在发行资本补充债、永续债等的审批方面给予更多支持，对于债务发行规模适当考虑行业逆周期因素。四是建议适当放宽附属资本占核心资本100%的资本限额，资本补充债作为保险业重要的资本补充工具，其发行规模严格与净资产挂钩。偿二代二期规则新增保单未来盈余分级后，部分保单未来盈余计入附属资本，可能会对资本补充债发行规模造成挤占。对于一家快速成长的典型公司来说，新业务带来保单未来盈余快速积累，同时附属资本额度可能反而有所下降。

五是建议对保险资金运用到权益资产配置给予一定政策支持。在低利率环境下，对权益资产配置占比提升有潜在需求，偿二代二期规则下，净资产波动对实际资本已经体现出波动乘数放大效应。建议监管规则加大力度有效优化股权、股票等权益资产风险因子，降低权益资本对偿付能力波动影响敏感性，利用保险资金运用有长期、稳定的特征，进一步发挥其在金融市场上的稳定器作用。

CCISSR

公司经营与市场环境

ChatGPT 能取代保险代理人吗？

姚　奕

2023-03-10

自从 2022 年 11 月上线，ChatGPT 这款生成式人工智能机器人应用成功“出圈”，对于其性能和发展前景的讨论火爆国内外媒体，并引发各行各业对其未来发展模式的畅想与担忧。人工智能科技近年来一直稳步推进，ChatGPT 更加直观地给大众展现了人工智能飞速发展的成果。以此款应用为契机，保险业也瞥见了在老龄化、少子化等人口结构变化不可避免的背景下，用人工智能方式升级业态，为人们提供保险服务的可能性。

近期,一些保险相关机构已经在内测"类 ChatGPT"应用,预期的应用场景包括保险营销和服务领域。那么,以 ChatGPT 为代表的智能聊天机器人能否在未来取代保险代理人呢?

以目前的技术水平看,这个答案显然是否定的。首要的问题是,需要更多保险专业的知识和数据训练,才能够将客服机器人的回答水平提升至可实际应用的标准。当然,这只是时间问题。长远来看,通过海量数据匹配特定的保险营销、理赔的专业场景调整模型,能够有效地提高客服机器人的回答质量和针对性。

以 ChatGPT 为代表的智能聊天机器人应用在保险中介领域,有其独特的优势:第一,在一些特定场景中,使用智能聊天机器人能够更加准确、高效地解决客户的疑问,甚至可以引导客户直接完成一些标准化保单的初步投保、理赔环节,极大地节约保险公司展业的成本。第二,通过和智能聊天机器人互动的方式获得回答以及技术支持,可能更加贴合年轻一代的沟通习惯和购物观念,实现足不出户,"碎片化时间"买保险,属于"社恐友好型"保险消费,减少了客户传统上需要为购买保险而付出的时间和其他间接成本。第三,由第三方开发的智能聊天机器人具有中立性,可以成为很好的保险教育科普工具,这是传统中介和平台不易实现的。

那么,从长远来看,智能聊天机器人能否完全代替保险代理人呢?换言之,如果想用机器人的方式代替人,需要解决除技术层面之外的什么问题?笔者认为,代理人在促成保险交易实现的过程中提供了两类重要的服务——建立信任和承担责任。这是不能轻易被机器所替代的。

从建立信任的角度来看，整个保险产品、保险交易都建立在信任的基石之上。消费者对保险公司、产品产生了充分信任，才会先行支付保费以换取未来不确定性事件发生时，保险公司所承诺给付的财务补偿或服务。与此同时，保险领域也存在两方面的信息不对称：一方面，保险人对于自身的财务、投资决策、可持续运营存在信息优势；另一方面，被保险人对于保险标的（如自身健康、车辆使用情况）具有信息优势。在双向的信息不对称下，需要建立充分信任以促成交易。因此，保险领域适用“最大诚信原则”，即保险人和被保险人在交易的全过程中都应秉承最大诚信原则，一旦违背，将受到经济或法律惩罚。

传统的保险中介正是在供需双方间传递信息，促成交易，并且尽量弥合信息不对称，建立信任关系的主要渠道。在长期险种中，信任感对于促成交易尤为重要。因此，在人身险领域，一些长期保单如终身寿险、年金产品常常是由保险代理人通过业务拜访的形式，充分向客户介绍产品信息，提供个性化的建议和服务，赢得客户的信任从而签单。此外，关于保险需求的相关研究和试验也发现，人们做出购买保险这一决策很多时候并不是完全理性的，所以有“保险是卖出去的，而不是客户主动买的”这样的说法。保险代理人的主动介绍、拜访在很大程度上敦促了消费者做出购买决策，也能够在售前、售后提供私人化的服务和情绪价值，这些人与人之间的真实交往提高了客户黏性。有经验的代理人能把握潜在客户的情绪、挖掘其需求，对他们谈话中的弦外之音和言下之意都能够敏锐地体察，并通过对话主动帮客户厘清一些概念，匹配合适的产品。而这些更进一步的交流是机器不能替代的。

从承担责任方面，客服机器人的潜在问题还包括，其回答是否可视为完全代表保险公司的正式陈述，从而具有法律约束效应。例如，在售前咨询阶段，客服机器人的回答是否属于申请保单过程中的一环，从而受到“最大诚信原则”的约束，仍属未知，需要清晰界定相关的法律风险。此外，系统化地运用客服机器人进行投保、理赔也增加了保险公司的系统安全风险和相关的运营风险。如果被黑客攻击而给出了错误的报价、理赔结果，责任又该如何认定。正如自动驾驶在承担责任方面所存在的固有缺陷——虽然驾驶员有很多犯错的可能，但是人坐在驾驶室本身就是一种以生命为背书的行为，为自己的驾驶行为担责；换成自动驾驶，机器在犯错后不具备真正的担责能力，那么开发机器的主体就很可能为此而买单，或者产生新的法律责任风险。

笔者认为，至少在二三十年的跨度内，传统形式的代理人在一些长期险种和服务中依旧有其不可替代的优势，不会完全被机器所取代。此外，我国有着差异化很大的市场，地域分布、经济基础、消费习惯均存在巨大差异。虽然随着“共同富裕”的逐步推进，经济水平的差异将日趋缩小，但不可否认的是全面转为机器服务仍需要几代人的努力和整体基础设施、经济适配的支撑。在保险服务的真正核心岗位，以及展业、理赔环节，还需要提供人工服务的选择以适应不同人群的购买习惯。

所以，真正的问题并不在于 ChatGPT 是否会完全替代保险代理人，而是我们应如何抓紧利用科技发展和人口下滑的窗口期，发展新型的代理人和中介组织模式，以适应日新月异的科技手段、社交方式和消费习惯，以更高的效率，提供个性化的保单和人性化的服务。

不可抗辩条款与“带病投保”现象

刘佳程

2023-04-28

近年来，我国商业健康保险发展迅猛。商业健康保险弥补了基本医疗保险保障程度有限、多样性不足的缺陷，为消费者提供了个性化的补充医疗保障选择。然而，已有研究发现，以互联网重疾险为代表的我国商业健康保险产品大多免体检或只进行问卷体检，这为部分投保人隐瞒自身健康状况、遗传病史或既往病史“带病投保”提供了潜在可能。

有一则广受关注的带病投保真实案例：石×与李×系夫妻关系，石×系某保险公司代理人。李×在已经确诊足底黑色结节的情况下，通过石×投保一份医疗保险并未如实告知身体状况。该保单在一年期满后获得续保，李×在续保保单存续期间因黑色素瘤住院治疗，出院后要求保险公司赔付。保险公司以投保人违背健康告知义务为由拒绝赔付，而一审、二审法院认为该案可以适用不可抗辩原则，判决保险公司败诉。

这一案例可以引申出诸多值得探讨的问题。例如，什么是保险的不可抗辩条款；在我国现行司法框架下，投保人"带病投保"能否获得保险赔付；如何看待我国不可抗辩条款施行背景下的"带病投保"现象。

保险合同中的不可抗辩条款(Incontestable Clause)，又称不可否定条款、不可争条款，在许多国家的保险合同中都存在。根据《中华人民共和国保险法》第十六条相关规定，"自合同成立之日起超过二年的，保险人不得解除合同；发生保险事故的，保险人应当承担赔偿或者给付保险金的责任"。从理论上说，保单生效经过两年抗辩期后，保险人便不能再以投保人违背最大诚信原则为由拒绝理赔。

放眼世界保险史，不可抗辩条款源于保险公司为度过"信任危机"、重塑公司形象而作出的努力。19 世纪中叶之前，保险公司普遍实行严格的保证制度，保险合同的效力取决于被保险人或受益人的如实告知与保证义务的履行。一旦投保人存在违反如实告知的行为，则无论保单生效时长，也无论这一行为对于保险风险是否存在实质性影响，当风险事件实际发生时，保险公司可以认定保险合同无效而拒绝理赔。以健康保险为例，投保人在购买保险时往往需要就一长串疾病清单声明相关历史疾病情况。投保人若因忽略了其中某些细节而错误申报健康告知，那么即使这一行为出于过失而非故意、保单已经生效10年且所发生医疗支出属于保险约定范围，他依然可能面临保单失效无法获得保险赔付的窘境。当时，保险合同纠纷案件层出不穷，保险的经济保障功能受到公众质疑，保险公司面临巨大的信任危机。

在这一背景之下，19世纪中叶，英国一些保险公司开始在其售卖的保险产品中应用不可抗辩条款。该条款规定在合同生效一定时期（通常为两年）之后，保险公司不得以投保人误告等为理由拒绝赔付。此举广受消费者欢迎，并很快推广到其他国家。20世纪初，美国纽约州通过《阿姆斯特朗法案》，首次以立法形式规定所有人寿保单中必须包含不可抗辩条款。此后，该条款被作为法定条款出现在世界各国保险法中，成为一种普遍强制的法律规范。

在我国现行司法框架之下，带病投保者能否获得保险赔付呢？《中华人民共和国保险法》第十六条规定，订立保险合同，保险人就保险标的或者被保险人的有关情况提出询问的，投保人应当如实告知。将“带病投保”转换为法律概念，即投保人在向保险人投保时隐瞒被保险人的健康状况和疾病历史，从而未履行疾病史的“如实告知义务”。有研究表明，从司法实践来看，法院是否判决保险公司给付带病投保者保险赔付，以及是否判决解除合同，均存在不确定性。带病投保者即使故意规避合同解除权，在两年抗辩期过后才向保险人提起理赔，也可能无法获得保险赔付。法官可能认定已发生事故不属于保险责任范围，或投保人未履行如实告知义务且未履行如实告知的性质为故意而非重大过失。此外，由于“带病投保”相关保险纠纷案件相对缺乏程式化的裁判规则,法官需要在较大程度上发挥司法自由裁量权,进一步增加了带病投保者通过诉讼途径获得理赔的不确定性。学者发现此类案件存在“同案异判”的可能,例如,相同或相似案件在同一法院、不同审级法院之间、相同审级的不同法院之间出现不同的判决结果。

那么在不可抗辩条款施行的背景下应当如何看待带病投保现象呢?如若对这一现象放任不管,则势必加剧商业健康保险市场中的逆向选择问题。在我国商业健康保险原保费收入逐年增长的同时,赔付支出也同步快速增长,且其增速远超保费收入增速,反映出迅速发展背后的隐忧。带病投保者比普通投保者具有更大的健康风险,在给定保险价格的前提下,前者的参保意愿也更强。大量带病个体的涌入导致健康个体占比降低,从而推高风险池的风险水平和保险公司的经营成本。保险公司经营成本的提升一方面源于理赔概率的提升,另一方面则源于潜在赔付纠纷所带来的额外资源投入。经营成本的上升又将进一步促使保险公司提高产品费率,降低健康个体的参保体验,促其退出,在极端情况下可能形成“死亡螺旋”。然而,由于互联网重疾险等商业健康险普遍具有“薄利多销”、投保便捷的性质,通过健康体检核保等方式应对带病投保显然并不可行。

笔者认为,建立差异化投保渠道,鼓励投保人风险自揭露不失为一种良策。从近年实践来看,不少知名互联网健康保险公司已经推出了官方认可的带病投保渠道(以下简称“官方带病投保渠道”),投保人可以通过填写补充问卷等方式主动揭露疾病史和就医史,进行加费投保或以正常价格购买除外责任保单。从消费者角度来看,通过瞒报身体状况的方式购买的保单,即使度过两年抗辩期，也可能无法通过正常流程甚至法律诉讼获得保险理赔。通过官方带病投保渠道投保则可以消除上述风险，这可以激励原带病投保人群中厌恶赔付风险的个体转换投保渠道，实现风险自揭露。此外，部分原先身患疾病、未曾投保但符合官方带病投保渠道要求的潜在投保人也可借此机会获得补充医疗保障。从保险公司的角度来看，该渠道的设立有助于实现一定程度上的风险分流和差异化定价，从而解决逆向选择问题；通过官方带病投保渠道提前划定除外责任则可能避免潜在的赔付纠纷；新客户群体的引入也将有利于拓展业务范围，扩大经营成果。从社会整体来看，赔付风险的降低和保险覆盖人群的拓展有助于提升保险的抗风险能力，风险定价和赔付纠纷的降低则有助于提升社会资源利用效率。

医养康护产业中的供需矛盾

杜　霞

2023-05-19

《2021 年度国家老龄事业发展公报》显示，截至 2021 年年末，全国 65 周岁及以上老年人口超过 2 亿，占总人口的 14.2%，老年人口抚养比高达 20.8%，我国已达到深度老龄化的标准。从需求端来看，在少子化、老龄化的人口发展趋势下，高龄人口和失能人口的增加将进一步刺激医疗、养老、康复和护理需求迅速增长。从供给端来看，中央及地方政府高度重视养老问题，并出台了一系列的利好政策，从资源服务、审批简化、税收优惠等方面大力支持养老服务产业发展。截至2021年年末，全国共有各类养老服务机构和设施35.8万个，比上年增长8.8%；养老服务床位815.9万张；两证齐全（具备医疗卫生机构资质，并进行养老机构备案）的医养结合机构6 492家，比上年增长10.8%，机构床位总数为175万张，比上年增长10.4%。

我国目前依据“9073”原则初步建立起社会养老服务体系，即90%的老年人采取居家养老模式获取服务和照顾，7%的老年人采取社区养老模式获取社会化服务，其余3%的老年人则采取机构养老模式集中养老。随着我国人口老龄化进程加快和养老观念转变，老年人口的医疗保健需求逐步释放，对不同养老模式下医疗服务的要求也逐步提高，“医养结合”成为我国养老服务体系建设中的重要内容。

2019年4月，《国务院办公厅关于推进养老服务发展的意见》（国办发〔2019〕5号）公布，明确提出提升医养结合服务能力。2022年7月，国家卫生健康委员会等部门公布《关于进一步推进医养结合发展的指导意见》（国卫老龄发〔2022〕25号），进一步明确了促进居家医疗服务、社区医养结合以及机构医养结合的举措，鼓励医疗机构优化资源布局，利用现有床位提供养老服务，并推动养老机构改造增加护理型床位和设施，支持社会资本加入建设专业化医养结合机构。

尽管我国养老护理市场前景广阔，养老产业不断发展，政策支持力度不断加大，但我国养老护理市场中仍存在一定程度的供需错配问题。

第一，高端服务供给与基本服务需求的错配。大健康产业的兴起吸引了大量房地产公司、保险机构布局养老服务，利用雄厚稳定的资产建设养老社区，深入践行健康养老理念，不断提升养老服务和健康管理质量。但大多数的房地产公司或保险公司均优先布局高端养老市场，目标客群为高净值中老年人，而忽视了中低端市场的基本养老服务需求。如何引导社会资本激发中低端市场活力、促进普惠医养结合服务的发展，是目前养老体系建设中的一大难题。

第二，机构医养供给与居家医养需求的错配。目前市场上医养结合的模式主要为医疗机构与养老机构签订合作协议、医疗机构增设养老专科机构、养老机构申办医疗资质等。机构医养结合模式充分调配了医疗和养老资源，提高了资源利用效率，满足了机构养老的基本医疗需求。但在我国“9073”的养老模式下，如何提高居家社区医养结合服务能力是更迫切需要解决的问题。一方面，医疗机构提供上门巡诊、家庭病床等服务的成本高、效率低，需要互联网技术、大数据计算等信息科技手段辅助提高居家医养服务效率；另一方面，居家医养仅满足家庭照护中最基本的医疗健康管理需求，因此需要打通与社区医养衔接的机制，为老年人提供更为全面的一体化医疗服务。

第三，护理服务供给与医疗保险支付需求的错配。医疗保险主要补偿患者因门诊、药品、住院以及各项检查治疗而发生的费用，而长期护理保险则对失能被保险人的护理费用进行补偿。我国长期护理保险仍处于试点阶段，暂时无法作为成熟的支付方负担失能或半失能老人的主体护理费用，部分机构利用监管漏洞将医疗保险作为护理服务的支付方，进一步加重了医保基金的负担。一些民营医院为养老机构提供闲置床位，将养老服务收费转化为“住院费”等基本医疗服务收费，以医保资金支付服务成本，从而以更实惠的价格吸引低端市场老年客群入住。

笔者认为保险业在医养康护产业中持续发力，推动我国健康老龄化事业的进一步发展，关键要做好以下几点：首先，保险资金进入市场提供医养服务具有天然的优势。保险资金具有规模大、周期长、资金来源稳定等特点，投资医养服务产业能够获得持续稳定的投资回报。头部保险公司凭借重资产模式已多方位布局高端养老社区，而中小保险公司则可以选择轻资产模式依托于养老机构等第三方物业合理布局中低端市场。其次，"保单＋服务"的运作形式形成了养老机构与保险公司的正反馈循环效应，一方面通过优质的医养服务为保险公司引流，将养老服务需求转化为有效的保险需求；另一方面通过保险保障服务以年金返还的方式为老年客群提供现金流，保证养老机构资金流入的稳定性。最后，保险作为医养康护服务的重要支付方，在促进我国养老支付体系成熟完善的过程中起到了重要作用。但在保险产品设计上还需注意"医"和"养"的清晰界定，避免过度依赖医疗保险赔付，加快长期护理保险制度的建设，减轻医保基金负担。

天气指数保险助力农业保险高质量发展

李明蔚

2023-05-26

近年来，在国家统筹支持下，我国农业保险得到高速发展。2022 年，农业保险实现保费收入 1 219.4 亿元，同比增长 25%，为 1.7 亿户次农户提供风险保障 4.6 万亿元。农业保险已成为农业现代化和乡村振兴战略实施中的重要政策工具。

然而，随着我国农业保险市场规模迅速扩大，传统查勘定损型农业保险的弊端也逐渐暴露，包括信息不对称严重，承保、核损和理赔程序复杂，保险公司经营成本居高不下等，极大阻碍了我国农业保险由“高速”发展向“高质量”发展转变。

在此背景下，天气指数保险具有很大的发展潜力。天气指数保险是指以气象要素（如气温、降水、风速）这类与农作物产量高度相关的替代性指标作为赔付依据的保险产品。天气指数保险赔付只与客观的天气指数有关，而与农作物实际产量无关，这不仅降低了投保人的道德风险和逆向选择概率，还简化了承保和理赔程序，大幅降低了管理成本和保险费率。

进入21世纪以来，我国对开展天气指数保险极为重视，出台了一系列相关政策文件，倡导实施天气指数保险。2007年，中国保监会《关于做好保险业应对全球变暖引发极端天气气候事件有关事项的通知》（保监产险〔2007〕402号）提出，要“积极探索天气灾害指数保险等新型产品的开发和推广”；2010年，中国保监会《关于进一步做好2010年农业保险工作的通知》（保监发〔2010〕42号）中指出应“以提升理赔服务为重点，通过引入天气指数保险、卫星查勘定位系统、无人机航拍系统等新技术，优化理赔流程”；2014年，《国务院关于加快发展现代保险服务业的若干意见》（国发〔2014〕29号）提出“探索天气指数保险等新兴产品和服务”；2016年，中央一号文件具体提出探索开展天气指数保险试点。自2007年在上海推出针对西瓜的天气指数保险以来，天气指数保险在我国的试点范围不断扩大。当前，我国已经设计开发了种类繁多的天气指数保险产品。从保险标的来看，我国天气指数保险主要以特色作物为主，涵盖了低温、风灾、日照等多种气象指标。

天气指数保险虽然具有明确的优势，但是也有其独特的短板。经过十几年发展，至今其所占据的市场份额仍不足农业保险的1%,这在很大程度上与天气指数保险的基差风险相关。首先,天气指数保险以客观的指数为赔付触发阈值,这就可能导致某些投保农户获得赔款,但是实际没有发生损失或者损失小于赔偿,而某些农户确实受灾,但实际损失却没有获得赔偿的情况。这违背了保险的损失补偿原则,降低了产品的科学性与农户的认可度。其次,基差风险导致天气指数保险也存在逆向选择问题。那些受灾程度低而获得赔款的农户倾向于购买保险,而受灾程度高且无法获得赔款的农户倾向于不再购买保险,该区域的投保人愈发集中于预期能够获得超额赔款的农户,破坏了大数法则对于总体损失情况的估计。最后,保险公司的赔付存在系统性问题。天气指数保险的保险标的往往局限在较为集中的几个区县内,考虑到气象灾害发生时往往整个地区都同时受灾,各风险单位之间不是独立的。一旦区域内天气指数触发赔付条件,保险公司就需要向区域内所有参保农户统一支付赔款,有可能影响保险公司的财务安排与风险管控,给保险公司的可持续经营带来不利影响。

虽然基差风险问题难以规避,但农业天气指数保险所具有的独特优势能够在很大程度上弥补传统查勘定损型农业保险的不足,有望在我国农业保险体系中占据更重要的地位。当前,我国的农业天气指数保险仍处于发展探索期,笔者对这一险种未来的发展思路提出以下建议:

第一,科学把握天气指数保险的适用性边界,厘清发展定位。天气指数保险在我国农业保险发展中的地位不可或缺,但是需要尽量控制基差风险。要准确把握天气指数保险的适用性边界,主要从区域内受灾的一致性、农产品种类的统一性以及业务开展的烦琐性三个方面考量。针对适用性程度高的区域和标的作物，要着重发挥天气指数保险的优势，可以考虑将天气指数保险作为主要险种来推广，形成规模效应，降低经营成本；针对适用性程度低的区域和标的，天气指数保险将作为补充险种发挥作用。

第二，配合其他金融产品，创新天气指数保险商业模式。一方面，可以加强涉农信贷与涉农保险合作，将投保情况作为授信要素。农户在获得信贷后扩大农业生产投入，收入水平增加，从而推动保险有效需求增长，形成良性循环。另一方面，可以尝试与其他类型保险捆绑或采用“基本险＋附加险”等商业模式。例如，天气指数保险与价格指数保险配合，可同时防范自然风险和市场风险。又如，保险产品可以设计成一部分是传统农业保险，另外附加天气指数保险，以提高农户的综合抗风险保障能力。

第三，加强对天气指数保险的政策扶持力度。农业保险的发展离不开政策扶持，天气指数保险作为创新险种更是如此。天气指数保险将传统保险的“出险—核损—赔付”三阶段模式压缩为“出险—赔付”两阶段模式，且理赔率高，可大大提升财政补贴效率，有利于农户及时投入救灾与稳定生产。然而，目前天气指数保险产品不在中央财政补贴的品种中，地方财政对于天气指数保险的政策扶持力度有限，产品推广难度大。事实上，天气指数保险具有前期研发成本高、后期运行成本低的特点，更加需要政府在前期提供持续性的财政扶持，以提高保险公司经营的持续性与稳定性。

浅谈互联网保险营销现状

张　畅

2023-06-07

中国保险行业协会统计数据显示，2013—2022 年，互联网保险的保费规模已经从 290 亿元增加到 4 782.5 亿元，年均复合增长率达到 32.3%，开展互联网保险业务的公司从 60 家增长到了 129 家。2023 年 5 月 29 日，中国社会科学院金融研究所、保险与经济发展研究中心发布的《2023 年互联网保险理赔创新服务研究报告》提出，预计到 2030 年，互联网保险的保费收入规模将比 2022 年增长近 5 倍，或将超过 2.85 万亿元，通过互联网渠道销售并完成理赔的金额将近 1 万亿元。

保险消费者选择在互联网上购买保险的原因是产品性价比高、种类丰富、信息透明、便于自主决策、不会被过度营销所打扰。然而,在发展过程中,有些互联网保险产品在营销时玩“文字游戏”、设置高免赔额、投保容易赔付难等套路也屡遭诟病。比如,有的产品为降低投保门槛,在互联网上推广时采用首月0元以吸引用户投保,但是很多用户并不知道后续每月还要扣几十元到上百元的保费,因此相关投诉也快速增加。《关于2023年第一季度保险消费投诉情况的通报》(银保监消保发〔2023〕6号)显示,对互联网保险公司的投诉较为集中。对互联网保险的投诉包括在销售页面未明确说明免责条款、拒赔理由不合理、捆绑销售保险产品、未经同意自动续保等问题。投诉险种主要集中在退货运费险、手机碎屏险、航班延误险、账户安全险等。

关于互联网保险营销不规范的原因在于,首先,保险产品具有高技术性和高法律专业性。线下营销都是由专业机构、持证的保险销售人员面对面解释说明条款,而互联网的特点是大众化,保险产品营销的门槛变得很低,似乎与一般的商品营销无异,都是主打性价比高。互联网保险销售渠道集中在高流量的社交媒体、电商平台。这些平台为博眼球,广告语只强调卖点的一两句话,可是实际上,保险产品的合同条款是复杂而冗长的,包括很多除外条款,很难通过几句话说清楚。互联网保险中,有很大一部分产品非常便宜,如9.9元的意外伤害险、10元的运费险,对这类产品,消费者更不会仔细研究合同条款,就导致了在需要理赔的时候,才发现自己的情况“意外”被包含在了免赔条款里。其次,保险产品的显著特征是保障性。保险保障是贯穿保险业务的基本宗旨,然而作为金融领域最复杂的产品之一,销售人员有时为了销售业绩,往往强调保险产品的收益而不是保障程度,并与其他金融产品进行简单类比，误导消费者根据收益率选择产品。最后，保险产品的缴费和理赔是有时间差的。如果因为一键投保和一键勾选的“便利性”导致对保险功能和风险的提示不充分，在出险理赔时，就更可能导致纠纷和投诉，使消费者觉得自己受到欺骗。

针对这一问题，监管部门已多次发布相关消费风险提示。2019 年 7 月公布的《关于防范利用自媒体平台误导宣传的风险提示》明确提醒消费者注意饥饿营销类、夸大收益类、曲解条款类误导行为。2020 年 12 月 7 日，《互联网保险业务监管办法》(中国银行保险监督管理委员会令 2020 年第 13 号)对互联网保险营销宣传的定义、保险机构管理制度、从业人员宣传范围、营销宣传内容与标识等都作了明确规定。2023 年 3 月，《关于开展保险机构销售人员互联网营销宣传合规性自查整改工作的通知》发布，决定自 2023 年 4 月 3 日起部署开展为期 3 个月的保险机构销售人员互联网营销宣传合规性自查整改工作。这次的整改覆盖了包括保险公司、保险中介、保险代理人、保险销售等所有保险机构及人员，并且列出自查内容及其明细，基本囊括了人们所熟知的各种互联网营销方式和渠道。

严格监管的同时，如何兼顾互联网保险的创新发展？从保险公司角度来说，应在面对消费者的销售页面明确提示各项免责条款。可以通过在支付前强制弹出提示界面，告知消费者该保险具有的免责条款，并且提示消费者各个保险产品看上去可能类似，实际上由于保险合同条款不同而有很大差异。如果消费者可以在一个平台上方便地查看自己已享有的所有保险保障信息，那么也能减少消费者的冲动购买行为。此外，如果能为消费者对比相关的几个典型保险产品的关键差异，也可以帮助消费者理性购险，减少过度营销的影响。

保险助创新公司解“成长烦恼”

锁凌燕

2023-06-13

作为一项精巧的制度发明，保险对促进创新活动具有不可替代的积极作用。推动“专精特新”（专业化、精细化、特色化、新颖化）公司高质量发展，需要保险业创新经营模式、丰富产品与服务，为公司创新发展之路护航。

公司兴则产业兴，产业兴则经济强。在加快建设现代化产业体系进程中，发展“专精特新”公司，对强化科技创新、提升产业链供应链韧性、推进实体经济发展具有重要作用。为“专精特新”公司量身定制专属综合保险，并通过再保险机制共担风险,是保险业服务国家现代化产业体系建设、助力经济高质量发展的重要举措。

与大中型公司和成熟公司相比,“专精特新”公司大多处于初创期和技术研发阶段,其面临的风险管理挑战更大。第一,风险结构相对复杂。此类公司多在新经济、新产业领域或新技术、新工艺、新模式等方面寻求创新突破、获取自主知识产权,一般具有人才密集、技术密集等特点。2021 年,专精特新“小巨人”百强公司的发明专利数量中位数为 131 个,显著超过 A 股上市公司中位数。正因为如此,“专精特新”公司不仅面临人财物损失的传统风险,还面临更多与数据资产、知识产权相关的新兴风险;不仅面临研发生产过程可能中断的风险,还存在成果落地、推广、产业化过程被阻滞的风险;等等。

第二,风险管理难度相对更高。一方面,“专精特新”公司具有内在脆弱性。其产品或服务多针对特定市场、需求,具有经验积累较少、试错成本较高的特点,下游公司不敢用、不愿用的问题比较突出,这种“创新悖论”导致公司在成果转化、稳定产业链等方面面临更大挑战。另一方面,“专精特新”公司多为中小公司,抵御风险能力较弱。此类公司资产和自有资本规模相对较小,其价值更多体现在知识产权和技术力量等方面,这限制了其融资能力,迫切需要对可能的风险损失作出融资安排,保险潜在需求很高。

长期以来,保险业不断探索“专精特新”公司全生命周期的风险管理需求。以知识产权保险为例,保险至少发挥了三大作用:一是损失补偿。针对申请知识产权未获授权或注册的费用损失、实施知识产权失败的投入损失、知识产权被侵权损失等各环节的风险损失予以补偿，使公司减少经济损失，维持较好的现金流。二是风险减量。知识产权风险等新兴风险影响因素多且易变，风险波动性更强，保险机构为公司提供风险评估、隐患排查、监测预警、整改建议等全生命周期的风险控制服务，降低公司整体风险水平。三是创新促进，即促进公司创新资源向知识产权转化运用集聚，并通过提供专利质押融资保证保险等产品，解决其融资难题，激发创新活力，促进创新活动。

新近推出的“专精特新”公司一揽子组合保险方案，实际上是在前期经验探索基础上的一次保险服务“升级”。一是丰富保险产品类型。针对“专精特新”公司业务发展潜力和风险特征，提供涵盖财产损失、研发中断费用损失、雇主责任等多种类型风险、覆盖公司经营全过程的保险。公司结合自身需求既可“一站购齐”完善保障，也可“量身定做”灵活选择。二是优化保险经营模式。一揽子组合方案创新地将再保险“前置化”，即在前端承保时就引入再保险机制。再保险机构一方面可以帮助保险公司分析创新产品的风险因素、制定保险条款费率以及核保策略，引入与新产品相适应的风险转移手段，增强保险公司经营稳定性；另一方面也可以发挥其整体把握风险状况的优势，协助保险公司提高风险管理水平，降低经营风险。

财产保险市场未来六大发力方向

朱南军

2023-07-05

当前中国经济发展面临的内外部环境和条件或将有所改善：一是美国等主要经济体货币政策收紧步伐放慢，中国股市、债市、汇市面临的外部压力将有所减轻；二是疫情防控措施优化，有利于各项生产生活活动逐步恢复，经济有望实现弱复苏；三是政策托底下房地产市场或低位企稳；四是稳增长措施将逐步落地见效，新老基建、高技术制造业投资将继续保持增长，叠加 2022 年低基数，宏观经济各项指标 2023 年有望回升。在经济环境高质量回暖发展的大背景之下，在国内经济“稳”中有“进”的基调下，我国财产保险市场未来应当在以下若干方面持续发力，实现高质量发展。

第一，完善监管机制，推动行业高质量发展。未来将统筹推进保险公司风险处置，坚决整治恶性竞争乱象，研究出台保险公司监管评级和分类监管制度。同时将持续提升监管有效性，健全金融法治，完善全流程、全链条审慎监管，提升监管数字化、智能化水平，依法将各类金融活动全部纳入监管。在未来保险业高质量发展的要求下，监管端将持续发展，防范化解保险业风险，推动保险业回归本源。

第二，推动市场改革，实现业务突围转型。过去三年保险业在新冠疫情的影响下加快了转型的步伐。大多数保险公司在克服新冠疫情带来的挑战方面展现出较强的韧性和适应性，这归功于在新冠疫情暴发前进行的系统升级和提升能力所需的新技术和人才部署。2023 年全国财产保险监管工作会议指出，要引导财产保险业持续深化改革，坚持守正创新，支持服务实体经济复苏增长，积极发展绿色保险、气候保险、网络安全保险、信创产业保险、新能源保险，推动实现“质”的有效提升和“量”的合理增长。因此，未来财产保险将会依据党中央、国务院和国家金融监督管理总局的指导精神，不断推进财产保险业务改革，推陈出新，持续优化产品结构。在车险方面，随着《关于扩大商业车险自主定价系数浮动范围等有关事项的通知》公布，车险二次综改也将到来，财产保险公司也将拥有更为灵活的自主定价权，更考验定价、定损、理赔管控等精细化运营能力。

第三，加强保险业标准化工作。2022 年 5 月，中国银保监会公布《中国保险业标准化“十四五”规划》，总结了过去保险业标准化的成效，同时提出未来保险业标准化的新要求，指出到2025年，保险标准化工作机制进一步完善，保险标准体系更加优化健全，保险标准供给进一步加大，保险标准的应用成效更加显著，保险业标准化意识显著增强，保险业标准化国际交流与合作深入推进。未来随着保险业标准化工作的持续推进，财产保险领域也将在此工作基础上围绕乡村振兴战略推动农业保险标准化建设，促进科技保险和知识产权保险标准供给，加快完善绿色保险相关标准建设，推动责任保险和保证保险领域标准建设，加强巨灾保险标准建设，充分服务实体经济，提升在社会保障体系中的重要作用。

第四，促进保险科技快速发展。《"十四五"数字经济发展规划》(国发〔2021〕29号)、《关于银行业保险业数字化转型的指导意见》(银保监办发〔2022〕2号)、《保险科技"十四五"发展规划》等文件先后公布，保险科技未来发展路线图逐渐清晰。近些年保险公司对于科技的投入力度不断加大，通过科技来实现保险全产业链的优化和升级，提高保险客户的获得感、体验感，提升保险的覆盖面和性价比。因此，2023年保险公司将会延续疫情防控下数字化转型的变革，利用保险科技提升公司在市场上的竞争力，在同质化严重的保险市场上利用保险科技降本增效，实现全价值链方面深层次变革。

第五，提升农业保险服务质效。2023年1月，中国保险行业协会正式发布《农业保险产品开发指引》，4月，中国银保监会办公厅公布了《关于银行业保险业做好2023年全面推进乡村振兴重点工作的通知》(银保监办发〔2023〕35号)、中国银保监会制定了《农业保险精算规定(试行)》(银保监规〔2023〕4号)，一方面对健全农村金融服务体系、提高农村金融服务质效提出了具体要求，强调了推动农业保险扩面增品、创新涉农金融产品和服务模式及改进涉农保险服务质量等内容；另一方面对于种植业、养殖业等农业保险业务精算规定提出具体规定，完善监管机制，明确行业发展方向。在政策利好频出的基础上，2023 年第一季度农业保险保费收入约 410 亿元，较去年同期增长 100 亿元，增幅达 32％，充分体现了农业保险强大的发展动力，未来财产保险将会在农业保险领域加大投入力度，拓展业务范围。

第六，回归本源，深耕风险减量服务。2023 年 1 月，中国银保监会办公厅发布《关于财产保险业积极开展风险减量服务的意见》（银保监办发〔2023〕7 号），提出风险减量服务是财产保险业服务实体经济发展的有效手段之一，着重强调了财产保险业未来要加快发展风险减量服务，提高防灾、减灾、救灾能力，助力中国经济行稳致远的指导思想。2023 年全国财产保险监管工作会议也着重强调了财产保险业未来要做好前置减险、合规控险、精算计险、稽查化险、处置出险工作，提升“防”的能力、“减”的实效和“救”的服务，不断控降社会风险、行业风险，为建立公共安全体系和防灾、减灾、救灾提供保险保障。这些举措指明了财产保险业未来的发展趋势，在社会保障体系的基础上，其能为国内整体经济发展提供更加坚实的保障。

将健康险“政策红利”转化为发展红利

锁凌燕

2023-07-12

2023年7月,国家金融监督管理总局公布《关于适用商业健康保险个人所得税优惠政策产品有关事项的通知》(金规〔2023〕2号,以下简称《通知》),将健康保险个人所得税优惠政策进一步扩展,以推动适用个人所得税优惠政策的商业健康保险(以下简称“税优健康险”)惠及更多人群。事实上,从2015年5月开始,税优健康险即开始试点,并在2017年7月推广至全国,虽然已有多年实践,但各界普遍期待《通知》的发布能够帮助消费者用好“政策红包”,获得更为丰富的保险保障，有效降低医疗费用个人负担。

一、五点突破

相较于2015年中国保监会印发的《个人税收优惠型健康保险业务管理暂行办法》(保监发〔2015〕82号),《通知》在几个重要方面实现了新的突破：一是优惠产品扩面，打破了税优健康险产品以医疗险作为主体形态的局面，将适用产品范围扩大到商业健康保险的主要险种，即医疗保险、长期护理保险和疾病保险等，让消费者有更多选择；其中适用个人所得税优惠政策的长期护理保险可参照互联网人身保险产品管理。二是产品种类扩容，税优健康险产品不再局限于标准化条款，仅对既往症人群设置承保要求，其他产品设计内容均交给市场主体，要求保险公司充分考虑消费者需求、增加产品保障内容、提高保障灵活性。针对目前既往症人群保障不足的现状，《通知》要求将其纳入医疗保险承保范围，允许公司结合自身经营能力和市场需要开发保障额度更高、责任更丰富的产品，鼓励开发针对既往症和老年人等特定人群的长期护理保险、疾病保险产品。三是价格弹性扩大，不再简单限制医疗保险的最低保额、简单赔付率下限等指标，而是将定价权交给市场，同时强化事后回溯分析，重点关注实际赔付率、发生率和费用率等指标与精算假设的偏差，确保定价合理且经营可持续。四是惠及群体扩充，突破了税优健康险被保险人须为纳税人本人的限制，将被保险人进一步拓展到纳税人的配偶、子女或父母。五是平台功能范围扩大，指出要通过全行业统一的商业健康保险信息平台为投保人建立信息账户，记录其投保的所有税优健康险信息，方便消费者购买不同公司的产品，并支持投保人按照有关规定进行个人所得税税前扣除，更有利于个人便捷参保。

二、提升“内功”

整体来看，《通知》针对税优健康险试点以来遇到的现实问题，对相关政策进行了比较全面的调整，不仅有利于消费者用足、用好税收优惠政策，也给商业健康险提供了更多的“政策红利”。但政策红利毕竟是外生推动力，健康险能否实现高质量发展，最终还是要看保险业能不能更好地基于消费者的需求提供产品和服务，让消费者愿意买、买得到、买得对。近些年，保险业致力于加快商业健康险发展，在很多方面进行了积极有益的探索，经营科学化水平逐渐提高；诸如“百万医疗”、城市定制型商业医疗保险等“热门”产品，在很大程度上提升了健康险的可及性；许多健康险经营者积极布局大健康领域，探索健康保险保障＋健康管理服务融合发展模式，提升了健康险发展质量，也改善了客户体验。因此，近年来商业健康险的市场认可度不断提升，其赔付支出占总卫生健康支出的比例逐年增长，从 2012 年的 1.1%增加到 2022 年的 5.3%。但必须看到的是，商业健康险也面临产品同质化、险种发展不均衡、非标体保险产品不充分等问题。要将政策红利用好，保险业还需更好提升“内功”。

首先，国家支持税优健康险发展，并不是为了保险而保险，医疗保障的各个层次在特性上有区别，在功能上也要有分工，不能只是简单相互“叠加”的关系。医疗救助重在托底，社会保险关注广覆盖、保基本，商业健康险则主要是调动个人安排医疗保障过程中的主动性、满足个人多元化的保障需求。

因此，在产品设计中要格外注重与基本医疗保险的衔接性，一方面在保障内容上做好衔接，另一方面也要在功能上做好衔接，前瞻性地根据老龄社会的特征，推动长期护理保险等险种发展，帮助消费者构建全面人身风险保障体系，有效发挥市场的效率优势。

其次，税优健康险产品设计应该尽可能简单、易于理解，以便推广。税优健康险产品至少包含四个核心设计要素：一是享受税收优惠的保费额度；二是个人投保享受税优的流程；三是享受保障的前提，例如保障水平是否受既往症影响、是否受定点医疗机构所限、是否受报销目录所限等；四是获取保障的方式，例如是否可以即时结算等。考虑到消费者群体在风险偏好、金融知识水平、经济条件等方面存在广泛差异，设计单一化产品的思路是不可取的。但对这些要素的全面理解并非易事，如果产品设计过于复杂，一方面容易滋生信息披露不充分、风险提示不足和销售误导等问题，另一方面也不利于产品推广普及。保险机构在设计税优健康险产品时，要注意在产品多样性与复杂性之间做好权衡。

最后，考虑到健康保障的特性，税优健康险产品需注重健康促进。随着人口老龄化程度加深，健康保险客群的平均年龄逐渐增加，健康保险的系统性风险逐渐提高。根据国家卫健委的数据，我国居民平均每人有 8 年多的时间带病生存，肿瘤、心脑血管疾病、糖尿病等慢性病发病率逐年上升，慢性病导致的死亡占比高达 86.6%，导致的疾病负担占比 70%，已成为我国人民健康所面临的重大挑战；加之人们健康意识持续提升和健康需求不断增加，医疗服务价格上涨压力大，这将导致健康保险的支付压力不断增大。因此，保险业必须更积极地与大健康产业主体建立风险共担、利益共享的融合机制，为客户提供从前端的疾病预防、健康保健到最终的危重病治疗、病后康复甚至安宁疗护等一系列全面优质的健康管理服务，才能增强健康保险业的整体风险管控能力，提供消费者"买得起"的保险产品，这也是助力"健康中国"建设、落实积极人口老龄化战略的题中应有之义。

税优政策作为一种重要的"需求侧"政策，对于完善多层次医疗保障体系大有裨益，但政策红利要转变为发展红利，还需要"供给侧"的不懈努力。

理性运用保险产品“理财”

谢志伟

2023-08-16

根据国家金融监督管理总局公布的数据，2023年上半年全国原保险保费收入达32 054亿元，与去年同期相比增长12.5%，这也是2020年以来我国保险业保费收入同比增速首次突破10%。从不同险种收入看，人身险收入贡献最大——财产险保费收入为7 206亿元，同比增长9.7%；人身险保费收入为24 848亿元，同比增长13.38%。在人身险业务中，又以寿险收入增速最高，同比增长16.86%。寿险此番业绩数据的背后，是越来越多的人群将寿险产品作为自身的理财选择。

自 2018 年《关于规范金融机构资产管理业务的指导意见》(银发〔2018〕106 号)公布以来,银行理财产品便不再承诺保本或最低收益,在产品出现兑付困难时也不得以任何形式进行刚性兑付,银行理财实际上可能会出现亏损,这导致银行理财产品对居民的吸引力大幅降低。当股票、基金和银行理财的收益波动性不断增加且银行存款收益不断下降时,部分保险产品因兼具理财功能而受到越来越多的关注。

通过保险产品能理财吗?一方面,许多新型寿险产品,除具备保险保障的功能以外,还拥有额外的收益账户,因此具备一定的投资功能,分红型保险、万能型保险以及投资连结型保险都属于该类型。另一方面,一些普通寿险产品,如年金保险、两全保险和终身寿险等,与定期寿险相比,它们的现金价值一般比较高,且在满足一定条件时其现金价值可以支取。考虑到这类保单期限较长,因此可以视为一种长期稳定的另类"储蓄"。

为什么居民会选择保险产品进行理财?笔者认为,有两方面的原因:第一,诚如上文所述,相比于其他理财方式,寿险产品同时具备了保险保障和理财的双重功能,当出现相应保险事故时,寿险产品能够发挥风险保障的作用;当保险事故未发生时,则可以充当理财产品。第二,寿险产品的预定利率相较银行存款利率会高一些,且与基金和银行理财产品相比其收益更加稳定。根据监管部门的规定,当寿险产品的预定利率不高于责任准备金的评估利率上限时,产品采取备案制,而目前我国规定的普通寿险产品评估利率上限为 3%—3.5%,因此寿险产品的预定利率一般都会高于银行存款利率。同时,寿险产品的保障期限较长，综合来看，这符合风险厌恶人群的偏好，即长期稳定的收益承诺。

以较为热门的增额终身寿险为例，所谓增额终身寿险，顾名思义，是在终身寿险的基础上添加了每年定期增加保额的条款，此类产品的预定利率一般在3%—3.5%。同时，增额终身寿险的保险合同一般都会规定“减少基本保险金额”的条款，被保险人可以选择每年减少保险金额，保险公司将会退还减少保额对应的现金价值，但同时会对减少的保险金额作出一定限制，例如规定“每年减少的保险金额对应的现金价值不得超过投保时保险金额的20%”。除了减保取现这种方式，被保险人还可以通过退保或者保单贷款的方式支取保单的现金价值。因此，对于被保险人而言，除提供保险保障之外，这种增额终身寿险实际上发挥了一定的理财功能，为被保险人提供了长期稳定的理财收益。

此次寿险产品保费的大幅增长，则反映了当下保险理财的热潮，其部分原因又来自市场对寿险产品责任准备金评估利率将要下调的预期。据报道，2023年3月曾召开评估利率座谈会，调研人身险公司负债成本以及负债与资产匹配情况，会议就降低责任准备金评估利率达成了初步共识。7月，部分保险公司下架了预定利率高于3%的寿险产品。评估利率下调，意味着寿险产品的预定利率将随之下降，其“理财”收益相应降低，许多居民便趁着上半年产品仍然在售的窗口期继续购买预定利率在3%以上的寿险产品。

此番预定利率下调实际上反映了行业内的共识。保险公司的利润来源之一是产品的利差，即保险资金的实际投资收益率与保险产品预定利率之间的差异。若保险资金投资收益率低于产品的预定利率，则形成了利差损，长期的利差损将导致保险公司无法承担保险偿付责任。因此，当市场环境出现重大变化时，预定利率也会相应变动。历史上，监管部门也曾根据市场变动情况相应调整保险产品的预定利率。20 世纪 90 年代中后期，受高通货膨胀因素影响，我国银行存款利率一度达到 10%以上，寿险产品的预定利率也在 8%以上。伴随着中国人民银行多次降低基准利率，保险公司遭遇了较高的利差损。1999 年 6 月，中国保监会公布《关于调整寿险保单预定利率的紧急通知》(保监发〔1999〕93 号)，规定寿险产品的预定利率不得超过 2.5%。在当前的宏观经济形势下，随着我国市场利率不断下调和我国资本市场的收益不确定性逐渐增大，保险公司难以继续维持较高的资金收益率，适当调整预定利率有利于缓解保险公司的经营压力。

若未来预定利率下调的靴子落地，保险理财的热潮还会持续吗？笔者认为，从短期来看，预定利率的下调一定程度上会降低保险理财的吸引力。这反而能迫使保险公司回归保险产品设计，推动保险公司依照客户的风险保障需求开发产品，提升自身产品的竞争力。从长期来看，我国低利率环境将会持续存在，资本市场的市场风险也无法完全被消除，与其他理财方式相比，保险产品的比较优势依然存在，即长期稳定的承诺收益和兼具风险保障的功能。但保险理财不能完全替代传统的理财方式，无论形式如何变化，保险产品的核心功能依然是风险保障，而理财是为了财产增值，二者不能完全等同。对于居民而言，正确并合理地利用保险理财，才能最大化自身的资产价值。

发展“新银保”要重视价值提升

锁凌燕

2023-08-16

国家金融监督管理总局公布的数据显示，2023 年 1—6 月，人身险公司寿险业务累计实现原保费收入 1.87 万亿元，同比增长 16.9%。这样的成绩离不开银保渠道的贡献，据不完全统计数据，2023 年上半年，银保渠道期交保费已经超过 2022 年全年水平。

银保业务是典型的交叉销售模式，主要表现为保险公司与银行合作。保险公司借助银行完善的销售网络和庞大的客户资源营销保险产品，银行通过代理销售保险产品获取表外业务收入,即销售佣金和手续费,同时帮助客户完善资产配置。银保渠道已成为保险公司的重要营销渠道之一。

自 20 世纪 90 年代中期起,保险业就开始了银保业务探索,结合银行客户看重理财功能的特点,逐步加大银保渠道产品的开发力度。银行保险业股权合作不断加深,也促使银保业务快速发展。不过,部分商业银行和保险机构过度关注规模增速和短期效益,一些误导行为屡有发生。例如,将保险产品与储蓄存款、基金、银行理财产品等混淆销售,出现"存单变保单"的情况。银保渠道"主打"的短期快返型投资型险种为保险业埋下了不少隐患。

对此,银行保险监管部门此前多次出台政策文件,不断加强对银保渠道销售行为的管理和规范,也在"保险姓保"的监管背景下对中短存续期产品进行限制、整改和规范。银保渠道也经历了持续调整,其对保险业人身险保费的贡献比重多有起伏,鼎盛时可贡献人身险保费 50%左右的份额,业务收入下滑时份额也会低至 30%左右的水平。

2019 年以来,寿险业银保渠道保费再次呈现高速增长态势,"新银保"成为保险业的发展热词,这其中有多种原因。在存款利率下调、资本市场波动较大的背景下,具有长期刚性兑付属性、预定利率水平相对较高的寿险产品对居民产生了较大吸引力。受人身险产品预定利率下调预期影响,客户配置需求更显旺盛,银行代销保险产品的意愿也大幅提升。同时,近年来保险业在发展转型过程中持续深化渠道改革,主动"清虚提质",加之在新冠疫情影响下代理人展业难度提升,保险代理人队伍缩水,保险公司提高了对银保渠道的重视程度,与银行合作提升银保销售团队的业务能力，特别是提高销售复杂、长期期交保险产品的能力，助力银保渠道潜力不断释放。此外，随着监管日益完善，银保消费者的适当性管理机制、可回溯管理机制等审慎管理措施逐步落实到位，消费者权益保护体系日渐完善，客户信任度得以提升。

总体来看，这一轮“新银保”的发展，可谓“天时地利人和”。今后，银保渠道要实现可持续发展，还要看参与各方能否互利共赢、共创共享、提升价值。如果保险机构只是将银行简单地视为分销渠道，将保险产品迁移至银行渠道售卖，银行从事交叉销售业务也只是单纯希望赚取中间费用，那么一旦保险产品失去收益优势，银保渠道就很容易被取代。

未来，银行保险的可持续发展需要高度关注两方面：其一，要致力于构建高质量的产品与服务“闭环”。只有让客户明显感到系统、集成的产品服务组合或资产配置方案能提供更多价值，客户才会选择银保渠道。伴随财富的积累，居民财富目标正日趋多元化，保险机构应借助其提供“保险保障＋财富管理＋关联服务”的比较优势，与银行提供的其他财富产品一道，共同服务好居民的财富管理需求。

其二，要合理有效应用银保渠道沉淀的客户数据，以恰当的方式共享巨量的、多维度的用户使用习惯和行为数据，更好地为客户“画像”、评估其需求与风险，不断改善产品设计方案，为客户提供更为全面的延伸服务，提高客户满意度。银保渠道处在互联网和保险的交叉路口，想要成功，就必须不断加深供需双方对彼此的了解。

关注大数据时代风险分层的歧视问题

尹　晔

2023-09-06

近日，瑞士再保险发布《中国人身险数字化核保趋势研究》，指出各保险公司正加速推动发展数字化核保，尤其注重挖掘数据价值，拓展前沿科技和智能算法的应用范畴，从而增强核保能力、促进精准营销。然而，有专家指出，保险公司在发展数字化核保时，使用的消费者信息不断增多，其中部分信息可能违背社会公平，涉嫌歧视消费者。

一、何为风险分层

数字化核保会使用更多消费者信息以实现更加细致的风险分层。风险分层是指保险公司根据保险标的的可观测特征(例如人的性别、职业、年龄等,或者财产的地理位置、建筑结构、用途等)评估其真实风险水平高低,并根据评估出的风险水平对保险标的进行分类的过程。在对保险标的风险分层后,保险公司根据精算定价基准等因素对保险标的承保或拒保。数字化核保时,保险公司用来风险分层的保险标的特征不断增多,风险分层更加细致,保险公司对于保险标的的风险评估更加准确,相应的核保决策也更加精准。

从经济学角度来看,保险公司进行风险分层可提高保险市场效率。保险市场存在因逆向选择带来的效率损失。逆向选择起源于保险消费者相对于保险公司更了解自身风险,在均衡时,消费者无法以精算公平的价格为低风险保险标的购买全额保险,保险市场存在效率损失。而在风险分层下,同一风险层级中的保险标的风险类似,一定程度上控制了逆向选择。消费者得以以精算公平的价格为不同风险的保险标的购买全额保险,保险市场效率提升。

二、如何避免分层歧视

然而,从社会公平的角度来看,保险公司进行风险分层可能涉嫌歧视。目前,哪些用以风险分层的保险标的特征涉嫌歧视,并无全球普遍认可的判定标准。笔者认为,同时满足以下四个条件的特征不涉嫌歧视:一是该特征可被人为改变,保险业用个人无法控制的特征进行风险分层涉嫌歧视，反之则不涉嫌歧视。例如，在车险中，保险公司使用汽车价格作为风险分层特征不涉嫌歧视。在人身险中，由于人们会以相同速度衰老，使用年龄分层不涉嫌歧视。二是该特征与风险之间应具有显著相关性。例如，在UBI车险中，驾驶里程作为定价因子较易为人们接受。三是该特征与风险之间具有因果性，对于造成风险事故发生的直接原因，人们更容易将其视为非歧视性特征。例如当实验证明吸烟致癌后，人们不认为向烟民收取更高的健康险费率涉嫌歧视。四是该变量符合社会普遍价值观。例如，美国禁止保险业以肤色、种族、宗教信仰、出生国家等特征进行风险分层，欧洲不少国家禁止使用性别作为健康保险的风险分层特征，我国禁止以基因检测的结果作为风险分层特征。

纵观历史，保险公司实际使用的风险分层特征和社会对于反歧视的诉求处于动态平衡中。一方面，保险公司为了扩大客户规模，有动力使用更多的风险分层特征，特别是伴随技术进步，保险公司使用更多风险分层特征的可能性不断加大。另一方面，考虑到公平性，监管层会对变量是否涉嫌歧视进行评估，并要求保险公司避免使用歧视性特征，以保护消费者权益。例如，美国保险业曾长久使用种族作为保险风险分层特征，而当20世纪60年代美国社会爆发一系列追求种族平等的运动后，保险业被禁止使用种族作为风险分层特征。

大数据时代，风险分层和反歧视的动态平衡被打破。一方面，有研究表明，大数据风控显著提升了保险业风险评估的精准度，利用大数据精准核保是保险业数字化转型的重点发展方向。另一方面，大数据背景下，监管层更难判断保险公司是否使用涉嫌歧视的特征。原因有两点：一是保险公司使用的风险分层特征数目快速增加，人们甚至很难及时了解部分特征的确切含义，更无法判断这些特征是否涉嫌歧视；二是在人工智能算法的加持下，单纯禁止某些特征无法达到反歧视的诉求，因为被禁止的特征可能与合规特征之间具有相关关系，而人工智能算法能够帮助保险公司发现这种关系，变相利用被禁止特征所蕴含的信息，即代理歧视(Proxy Discrimination)。例如，美国禁止将种族作为风险分层特征后，有些美国保险公司拒绝承保某些社区的所有保单，以变相拒绝承保非洲裔。在大数据时代，保险公司很容易找到与被禁止特征有稳定关系的新特征。另外，由于某些人工智能算法具有不透明性，即使保险公司的本意是仅使用合规特征进行风险分层，其使用算法得到的风险评估结果可能与使用被禁止的变量风险分层结果一致。

追求大数据时代风险分层与反歧视之间的动态平衡，需要多方共同努力。第一，从保险业转型升级的角度来说，监管层仍应鼓励保险业通过合法手段提升数字化核保能力，并鼓励竞争，这有利于扩大保险覆盖面，最终将有利于保险消费者。监管层应重点关注保险消费者个人信息保护，确保居民关键且敏感的信息不外流至商业机构，推动个人数据以脱敏形式安全流转，确保保险公司使用的消费者信息从源头上合规。行业协会可考虑出台自律性公约，建议保险公司避免使用带有歧视性质的特征。保险公司则应在内控时加入风险分层特征的反歧视性考量，将其纳入公司社会责任的评估范畴。第二，保险消费者应该注重保护个人隐私，增加个人权利意识，在面对明显歧视时主动维护个人权益。

数字化提升保险理赔服务质效

锁凌燕

2023-09-17

2023年夏天，受台风和强降雨影响，我国东北、华北、华南等地频降暴雨，多地发生严重洪涝地质灾害，造成严重经济损失。作为灾害减震器和社会稳定器的保险业积极发挥其功能，助力灾后恢复与重建；多家保险机构启动理赔绿色通道，数字化理赔的广泛应用也显著提升了理赔效率，助力实现能赔快赔、应赔尽赔，受到广泛关注。

所谓保险理赔，是在保险标的发生风险事故导致损失后，消费者提出索赔请求、保险人进行调查并作出赔付决策的过程。之所以需要设置理赔流程,主要原因在于确保赔付符合约定的范围和标准,不存在保险欺诈等现象。同时,还要确认赔付金额充分合理但不“超额”,被保险人不会因为保险而额外“获利”,以免诱发道德风险。此外,要调查分析损失发生的原因,依规进行代位求偿、损后处理等程序,合理控制风险损失、为未来风险管理提供经验基础,保障经营可持续性。

长期以来,保险理赔都依赖于人工查勘、人工定损,导致传统理赔过程不可避免地存在一些缺陷:一是人工理赔大多需要手动收集相关资料、现场查勘、人工比对审核,受时间、空间、人力所限,耗时较长。二是人工查勘和定损更多依赖于理赔人员的个人能力和经验,现代社会中风险的成因越来越复杂,对理赔人员的专业能力要求也就越来越高,因此推高了人力成本。相应地,如果理赔人员专业水平有限,又会影响理赔结果的合理性和准确性。三是保险公司一般是参照常规业务量配备理赔人员,若遭遇重大保险事件,受损标的多且地域集中,此时社会各界对理赔时效关注度更高,人力短缺、理赔能力短期难以快速提高的弊端就会凸显。作为重要的风险保障提供者,保险业具有“雪中送炭”的重要职能,理赔也成为消费者最在意的服务环节,但也因为传统理赔的缺点,加深了消费者的“理赔难”印象。

数字化可以使保险公司在线上完成理赔环节各个部分,突破了时间、空间、人力限制,大大提升了保险服务质效。目前,多家保险公司借助自有 App、第三方平台等网络入口,便利客户在线上报案登记。在很多场景下,还可以通过在线上传文件、图片、视频等资料证明损失,保险公司借助图像识别等技术分析数据、确认损失原因与程度等，对理赔人员经验的依赖程度大大降低。一些公司还通过建立智能理赔系统实现理赔审核及赔付的自动化，显著降低理赔成本。就我国保险业实践来看，大部分业务的平均理赔时效已降低到两天以内，一些简单案件甚至快至秒级，对于改善行业形象、提升消费者福利大有裨益。

保险业经营的数字化可能带来的益处毋庸置疑，但数字化并非万能，其发展过程中也会出现数据泄露或被滥用而侵犯消费者权益、竞争秩序有待规范等各类问题，也会面临专业人才短缺、前期投入高等诸多限制。因此，保险公司的数字化转型、保险科技的成熟应用需要经历较长的时期，需要“试错”的过程。从国际保险业实践来看，“技术中性”的态度显得非常可贵，也就是数字化转型不是单纯为了数字化，而是要以增加消费者福利、创造价值增量为目的。基于此，保险公司转型战略和实施进程要与机构自身经营发展需要、技术实力、风险控制能力相匹配，在提升数据能力和科技能力的同时，要格外关注提升网络安全、数据治理和消费者保护水平。

把握人身险市场发展机遇

锁凌燕

2023-10-23

根据国家金融监督管理总局近期披露的数据，据测算，2023 年 1—8 月我国人身险业务原保费收入同比增长 13.1%，其中寿险业务同比增长 17.0%，表现十分亮眼，这也意味着人身险市场发展正面临着一些重要的机遇。

一是居民风险偏好更趋稳健，财富管理需求日益多元。伴随经济社会持续快速发展，我国居民财富持续累积，21 世纪前 20 年我国社会净财富的复合年均增速为 16.2%，超过同期 GDP 增速，与之伴随的是，居民不再只重点关注财富的成长性，而是更多开始考虑安全、传承等多元目标。同时，由于老龄人口占比与总量双升，加之宏观经济环境变化，居民整体风险偏好下行。寿险产品相对稳健，又具备遗产规划等理财功能，所以具有很好的配置价值。事实上，2023 年以来寿险业快速发展的最直接原因在于，银行挂牌利率下行、理财产品收益不尽如人意，使得储蓄型寿险在收益性和安全性方面相较于“竞品”表现出比较优势。

二是人口老龄化趋势加剧，人身风险管理需求高涨。中国的老龄化速度快，65 岁以上人口占比从 2001 年的 7％上升到 2022 年的超过 14％；相比之下，养老产业特别是老年人迫切需要的养老照护服务业、老年医疗卫生康复等健康服务业发展相对滞后，发展不平衡、不充分的问题比较突出。在这种背景下，个人要“病有所医、老有所养、老有所依”，就不仅需要养老钱、看病钱，还需要有与养老健康相关的服务保障。近些年，我国人身保险业以客户需求为中心，围绕消费者生命的长度和质量，积极构建“保险＋”生态圈，探索建立养老社区、提供健康管理、居家护理等保险关联服务，为人身风险管理提供了更有效的整合方案，在很大程度上促进了人身险主业发展。

人身险市场的快速增长，也带来了一些隐忧。从提供的保障水平来看，据测算，2023 年 1—8 月人身险保费规模同比增长 13.1％，但新增保额同比增长只有 7.9％，这一方面印证了这段时期行业规模的增长主要是储蓄型寿险的贡献，另一方面也说明人身险业提供的风险保障水平没能同步跟上。从险种结构来看，除寿险增速强劲外，2023 年 1—8 月健康险保费规模同比增长 5.0％，而意外险保费规模同比下降 13.1％，这也暗示着保险产品缺乏有质量的创新，尚未摆脱依靠产品迭代、渠道激励、价格比拼等方式来竞争的模式，消费者获得感有限，导致人身意外伤害险和健康险市场增长乏力。此外，从业务风险水平看，之前热销的寿险产品预定利率水平相对较高，这对于消费者有较大吸引力，但对于保险业而言，这也意味着更高的负债成本，在当前市场利率中枢下行的环境下，可能隐含着较大的利差损风险。数据显示，2012—2021 年的 10 年间，我国保险资金的年均财务收益率为 5.28％；而 2023 年第二季度末，行业年化财务收益率为 3.22％，资产端的压力也比较突出。正因为如此，2023 年 8 月起，在监管部门的窗口指导下，在售寿险产品普遍调低了预定利率。

总体而言，人身险业能否抓住机遇、化解风险以持续健康发展，还有赖于自身能力建设。一是提供高质量风险保障的能力。近期寿险的高增长更多依赖于较高的隐含收益率，但这种比较优势只是阶段性的。在做好“保障”本业的基础上去追求“派生”的理财功能，这个导向的重要性和必要性已经被反复论证过，国家金融监督管理总局近期公布的《关于优化保险公司偿付能力监管标准的通知》（金规〔2023〕5 号），也进一步明确了鼓励保险公司发展长期保障型产品的导向。更好服务老龄社会的长寿风险管理、医疗保障需求，是人身险业的立身之基。二是更好的资产管理能力。截至 2023 年 6 月末，我国保险资金运用余额中近九成来自人身险业务，让逐渐增长的资金获取持续、稳健的投资收益，让公司资产负债在期限结构、收益和流动性方面更好地匹配起来，对行业长期发展尤为重要。三是更好地整合关联服务的能力。保险业要保持持久旺盛的生命力，越来越需要抛弃传统的经营模式，以敏锐的眼光、创新的思路，推动“保险＋”能力的提升，以打造行业核心竞争力的新优势。

CCISSR

社会保障与保险

个人养老金的“一二三四”

郑　伟

2023-01-01

2022 年个人养老金制度破土而出，这是我国多层次养老保险体系建设的一大亮点，具有重要的标志性意义。制度的落地实施，有利于完善我国多层次养老保险体系、满足人民群众多样化的养老保险需求，有利于积极应对人口老龄化，也有利于促进经济社会发展。

个人养老金“1＋4”制度框架已初步形成。“1”是指个人养老金的核心政策，即 2022 年 4 月国务院办公厅公布的《关于推动个人养老金发展的意见》(国办发〔2022〕7 号)。“4”是指

2022年11月发布的4类配套政策:一是人力资源和社会保障部等五部门制定的《个人养老金实施办法》(人社部发〔2022〕70号),明确了个人养老金的具体操作流程;二是财政部和国家税务总局公布的《关于个人养老金有关个人所得税政策的公告》(财政部 税务总局公告2022年第34号),明确了个人养老金的相关税收政策;三是中国银保监会发布的相关金融监管规则,如《商业银行和理财公司个人养老金业务管理暂行办法》(银保监规〔2022〕16号)和《关于保险公司开展个人养老金业务有关事项的通知》(银保监规〔2022〕17号);四是证监会公布的相关金融监管规则,如《个人养老金投资公开募集证券投资基金业务管理暂行规定》(中国证券监督管理委员会公告〔2022〕46号)。在"1+4"制度框架基础上,2022年11月25日,个人养老金制度在北京、上海、广州等36个先行城市或地区启动实施。

个人养老金作为新生事物,社会公众对其比较陌生,如何引导群众积极参与呢?一是要准确把握个人养老金的政策要点;二是要通俗易懂地讲明白个人养老金的核心内容。个人养老金虽然复杂,但从参加人的角度看,其核心内容可以概括为"一二三四",即符合一个条件、开立两个账户、关注三个阶段、选择四类产品。

符合一个条件是指,参加个人养老金的条件只有一个,即参加基本养老保险。只要是在中国境内参加了城镇职工基本养老保险或者城乡居民基本养老保险的劳动者,均可参加个人养老金。

开立两个账户是指,我国的个人养老金实行个人账户制度,因此参加个人养老金应当开立个人账户,具体而言需要开立两个账户：一是“个人养老金账户”，二是“个人养老金资金账户”。前者由参加人在全国统一的个人养老金信息平台上开立，属于“信息账户”，用于登记和管理个人身份信息，是参加人参加个人养老金、享受税收优惠政策的基础。后者由参加人选择一家商业银行开立或指定，属于“资金账户”，与前述“信息账户”绑定，为参加人提供个人养老金的资金缴存、产品投资、养老金支付、税款支付等资金收支服务。

关注三个阶段是指，个人养老金的生命周期由三个阶段构成：一是缴费阶段，二是投资阶段，三是领取阶段。在缴费阶段，目前个人养老金缴费上限是每人每年 12 000 元。在投资阶段，参加人在符合规定的范围内自主决定个人养老金的投资计划，包括具体的投资产品、投资金额等。在领取阶段，参加人达到领取基本养老金年龄等条件后，可以按月、分次或者一次性领取个人养老金。这三个阶段的税收安排采取免税、免税、征税(EET)的方式，具体而言，缴费可从税前所得扣除，投资收益暂不征收个人所得税，领取时个人养老金单独按照 3％的税率计算缴纳个人所得税。

选择四类产品是指，个人养老金可投资产品具体包括四类：一是个人养老储蓄，二是个人养老金理财产品，三是个人养老金保险产品，四是个人养老金公募基金产品。不论哪类产品，个人养老金产品均应具备“运作安全、成熟稳定、标的规范、侧重长期保值”等基本特征，并实行“机构＋产品”的“白名单”制度，即符合条件的金融机构和个人养老金产品的名单由相关金融监管部门确定并公开发布，个人养老金参加人可在“白名单”范围内自主选择投资，享受相关收益，并承担相应风险。

关注“缺失的中间层”

郑 伟

2023-02-01

“缺失的中间层”(Missing Middle)是近年来国际社会保障领域出现频率较高的一个词,意指既没有被社会保障体系上端的“社会保险”所覆盖、又没有被社会保障体系下端的“社会救助”所覆盖的群体。因为这部分群体在社会保障体系中(或社会保障体系的某类保障项目中)上下都“够不着”,处于保障缺失的状态,所以被称作“缺失的中间层”。他们大多在非正式经济部门工作,与雇主之间的关系并非典型的劳动关系,这给基于劳动关系的传统社会保险的扩面带来很大挑战。在就业方式多样化的背景下，如何将“缺失的中间层”纳入社会保险的保障范围，成为一个世界性难题。

近年来，我国社会保险扩面工作成效显著，但发展不平衡、不充分的问题依然存在。一方面，基本养老保险和基本医疗保险覆盖面较高，基本养老保险参保率达到 91%以上，基本医疗保险参保率稳定在 95%以上；另一方面，工伤保险和失业保险的覆盖面仍有相当的缺失，2021 年参加工伤保险的人数仅占城镇就业人员的 60.5%，参加失业保险的人数仅占城镇就业人员的 49.1%。同时，因为全国社会救助覆盖人群相对有限，而且城镇就业人员中属于社会救助对象的人群更加有限，因此可以推断，在未被工伤保险和失业保险覆盖的城镇就业人员中，相当一部分人就属于“缺失的中间层”。

三年新冠疫情凸显了社会保障对保持社会韧性的重要性，也凸显了解决社会保障领域“缺失的中间层”问题的紧迫性。解决这个问题，既需要有治标的应急举措，也需要有治本的长效机制。过去几年，在推出应急举措和建设长效机制方面，社会保障部门不断开拓创新，作出了积极的努力。

在推出应急举措方面，2020 年 5 月，人力资源和社会保障部与财政部制定了《关于扩大失业保险保障范围的通知》（人社部发〔2020〕40 号），这是社会保障体系快速响应的典型案例。在突如其来的新冠疫情冲击下，大龄失业人员、领取失业保险金期满仍未就业的失业人员、不符合领取失业保险金条件的参保失业人员、失业农民工等脆弱群体是已然或潜在的“缺失的中间层”，该通知加大了失业保险对他们的保障力度。比如，延长大龄失业人员领取失业保险金期限，对领取失业保险金期满仍未就业且距法定退休年龄不足一年的失业人员,可继续发放失业保险金至法定退休年龄。又如,阶段性实施失业补助金政策,在规定期间,领取失业保险金期满仍未就业的失业人员、不符合领取失业保险金条件的参保失业人员,可以申领六个月的失业补助金,等等。

在建设长效机制方面,始于 2022 年 7 月的新就业形态就业人员职业伤害保障试点,是社会保障体系努力将"缺失的中间层"纳入广义工伤保险框架的重要探索。近年来,灵活就业逐渐成为普遍的就业方式。截至 2021 年年末,我国包括个体经营、非全日制和新就业形态等在内的灵活就业人员有两亿左右,其中大部分未被传统工伤保险所覆盖,属于典型的"缺失的中间层"。以新就业形态中的平台就业人员为例,一方面,他们与平台机构之间缺乏典型的劳动关系,将他们纳入传统工伤保险存在较大困难;另一方面,当遭遇职业伤害时,他们作为劳动者又拥有获得职业伤害保障的权利。面对这一新的两难问题,需要用改革的办法和创新的思维去破解。职业伤害保障试点正是针对网约车、外卖、即时配送和同城货运等行业中的新就业形态特点进行的大胆探索。

道阻且长,行则将至;行而不辍,未来可期。覆盖全民是我国社会保障体系建设的基本目标之一,解决"缺失的中间层"问题是健全覆盖全民的社会保障体系的关键一环,它呼唤社会保障领域与时俱进的战略设计、制度创新和管理提升。

应对人口老龄化需完善三支柱体系

陈　凯

2023-02-03

2023年1月，国家统计局发布数据，2022年全国新生儿数量为956万，相比2021年下降106万，中国人口近61年来首次出现负增长。人口负增长时间比之前预计的来得还要早一些。造成人口负增长的主要原因还是低生育率。这一趋势在未来一段时间内还将持续。除生育率降低以外，年轻人口数量减少，人口性别比增大，城乡出生率分化等问题也会进一步加速我国的老龄化进程。这一现象使得很多年轻人开始担心自己老了之后领不到养老金。这一担心大可不必,但养老规划却应该尽早开始。

一、基本养老保险基本够用

在我国目前的三支柱养老体系中,第一支柱为政府提供的基本养老保险,包括城镇职工基本养老保险和城乡居民基本养老保险。城乡居民基本养老保险的主要基金来源是个人缴费和政府补贴。政府补贴是城镇居民社会养老保险的优惠政策,对城乡非就业居民参保给予的补助。个人缴费则是个人按照不同缴费档次将养老保险费存入个人专属账户进行积累。城镇职工基本养老保险的主要基金来源是职工单位和职工共同缴纳的基本养老保险费和补充养老保险费,由统筹部分和个人部分组成。每年的领取金额会根据个人的缴费年限和金额,以及各地平均工资情况进行调整。城镇职工基本养老金水平在近十几年一直保持上调趋势,2022 年的全国调整比例为退休人员月人均基本养老金的 4%。从这个角度来看,居民未来的基本养老保险是够用的。

但是,受到老龄化的影响,我国的人口年龄结构在过去几十年间发生了巨大的变化。近年来出生率不断下降,叠加 20 世纪 60 年代初期我国婴儿潮期间出生的人口接近退休,这使得在城镇职工基本养老保险制度内的在职职工与退休职工的人数之比不断下降。这种变化在短期内是不可逆的,预计未来还会进一步下降。这必然会增加今后基本养老保险基金的支付压力,影响基金的可持续性。

二、完善顶层设计

那么,想要在退休之后有钱花,也保持一定的生活质量,个人该怎么准备养老呢？在目前全球老龄化和低生育率的趋势下，仅仅依靠政府的养老金是不够的，世界上任何一个国家都负担不起滚雪球般增长的养老金支付。为应对未来的养老局面，政府和个人必须一同努力。

轻松舒适的退休生活是居民对美好生活的需要。因此，从国家制度角度看，当前的重中之重是完善养老保险的顶层设计，针对老龄化现状对基本养老保险制度进行适当调整。养老保险制度则是其中非常重要的一项。第一，扩大覆盖面。基本养老保险应当在“十四五”期间继续扩大覆盖面，鼓励更多的人参加养老保险。这不仅可以帮助更多人合理规划未来的退休计划，也可以提高养老基金账户的收入，增加居民对养老保险制度的信心。第二，推动城镇职工养老保险全国统筹。这其实是老生常谈，但在近期确实十分关键。由于我国各区域经济发展水平参差不齐，中西部地区的青壮年流动到东部沿海地区打工是常态。这导致部分城市因老年人多、年轻人少，参保缴费收不抵支。而经济发达地区却正好相反，收大于支，养老金收支极度不平衡，需要进行协调。近年来，我国一直在提高养老保险的公平性方面开展工作，基本实现省级统收统支。如果未来实施范围能上升至全国统筹，对于经济欠发达地区，养老金水平可能有机会上涨更多，能够更好地发挥基本养老保险的转移支付作用。第三，渐进式延迟法定退休年龄。虽然这一制度可能会影响部分人的短期利益，但在一定程度上给职工提供了相对稳定的收入。由于多劳多得，如果未来基本养老金的平均水平下降，居民可以通过延长工作年限来增加自身的财富积累，提高退休收入。当然，在延迟法定退休年龄的同时，还应该加入弹性退休时间，允许具有足够养老收入积累的个人提前退休。按个人需求弹性退休既可以缓解养老基金的支付压力,又可以提高个人养老财富的积累。

三、积极规划第三支柱

从个人角度来看,不能一味依赖第一支柱的基本养老保险,需要根据自身情况积极进行个人的财富规划和积累。作为三支柱养老保障体系的一环,我国的补充型养老保险长期以来发展滞后。第二支柱的企业年金是明显的短板,提供企业年金的机构大多属于优势行业,目前覆盖水平不到全国职工人数的10%,无法为大多数人提供稳定的退休收入来源。第三支柱的个人养老金经过多年研究和试点,于2022年正式推出,具体规模和效果还有待观察。作为还在工作的人,应该尽早未雨绸缪,开始习惯针对养老金进行理财。一方面,积极参与政府搭建的三支柱养老体系。无论是第一支柱的基本养老保险还是第二支柱和第三支柱的补充性养老保险,安全性和回报率都是相对较好的。参考美国和日本等国家的经验,第二支柱和第三支柱将是个人养老收入的主要来源。另一方面,根据自身情况预先规划好未来需要的养老服务,额外购买养老基金,将部分短期储蓄改为长期投资,利用长期投资的流动性来换取更高的收益水平。

当然,在出生人口数不断下跌的趋势下,未来个人的养老一定是一个世界性的难题。诸如日本、韩国等亚洲国家都已经进入了深度老龄化社会,甚至全球经济领先的一些国家都在头疼这个问题。我国今后也不可避免会遭遇这一困境,出生人口数量的下降只是一个信号。未来的趋势必将是基本养老保险为居民提供基本的退休收入保障，补充性养老保险和个人养老规划提供额外的退休收入补充。个人既不能不信任政府，也不能只依赖政府。只有在政府、公司和个人三方配合下的完善的三支柱养老体系才能让居民有充足的养老收入，拥有体面的退休生活。

社会保障金融发展的几个理念

郑　伟

2023-03-01

社会保障与金融之间是什么关系？从学理上看，二者具有天然联系。金融是资金融通，强调资源的跨期配置；社会保障是关于养老、医疗等风险保障的制度安排，强调资源的跨状态配置。由于社会保障所跨的状态是未来的状态，即未来发生或不发生相关风险，因此其天然地需要跨期配置，天然地与金融相联系。

在实践中，社会保障与金融具有多种形式的具体联系。比如，社会保障卡加载金融功能，就是一种显而易见的联系。又如，作为战略储备基金的全国社会保障基金、作为第一支柱的社会保险基金、作为第二支柱的企业年金和职业年金，以及作为第三支柱的个人养老金，它们都与金融密不可分，相关金融机构以各种不同方式参与其中，扮演投资管理人、托管人、产品提供者等多种角色。再如，在多层次社会保障体系构建中，以保险公司为代表的金融机构深度参与其中，以满足人民群众多样化的养老、医疗等保障需求。可见，不论从学理上还是实践上看，社会保障与金融的联系都是十分紧密的。

金融有风险，社会保障重稳健，因此社会保障与金融结合之后产生的社保金融，其安全问题尤其值得关注。党的二十大报告提出“健全覆盖全民、统筹城乡、公平统一、安全规范、可持续的多层次社会保障体系”的总体要求，反映出党和国家对新时代社会保障事业的更高期待。关于“安全规范”，它的一个重要体现即反映在社保金融领域。具体而言，要注意避免社会保障基金的三类“不安全”。

一是避免“不规范的不安全”。要建立与社会保障统筹层次相适应的社会保障基金监督体制，健全基金管理风险防控体系，通过智慧监管提升风险管理能力，完善欺诈骗保行为惩戒机制，减少“跑冒滴漏”给社会保障基金带来的损失。二是避免“不专业的不安全”。持续夯实社会保障精算的专业基础，提升社会保障精算能力和水平，定期测算各类社会保障基金的短中长期的收入、支出、结余或缺口情况，并按照精算平衡原则，健全基金预测预警制度，确保各项社会保障基金长期平衡。三是避免“不发展的不安全”。树立“基金不能保值增值也是一种不安全”的意识，继续扩大基本养老保险基金等各项社会保障基金的委托投资规模,提高基金投资收益率,同时做好全国社会保障基金监管工作,促进基金保值增值。

在确保社保金融安全的前提下,我们应把握好社保金融发展的几个理念,回答好服务社会保障的金融是什么样的金融、用好金融的社会保障是什么样的社会保障、金融服务社会保障要牢记什么、社会保障运用金融要勿忘什么等基础性问题。

一是服务社会保障的金融是有温度、有潜力的金融。社会保障是保障民生的事业,民生是温暖人心的事业,因此服务社会保障的金融是有温度的金融。同时,社会保障体系覆盖全民,如果社保金融做得好,则可以触达更广大民众,可以为参与其中的金融机构提供更加广阔的发展空间。

二是用好金融的社会保障是高效率、高质量的社会保障。只有用好金融,使各类社会保障基金有效保值增值,才能使社会保障基金的投资收益率跑赢通货膨胀率和银行存款利率,减少效率损失,让社会保障基金共享改革发展的成果,让社会保障体系更好地顺应人民对美好生活的向往,实现可持续、高质量的发展。

三是金融服务社会保障要牢记"国之大者"。社会保障是治国安邦的大问题。金融在服务社会保障的过程中,除要遵循金融发展的一般规律之外,还要牢记"国之大者"。

四是社会保障运用金融要勿忘初心使命。不论如何运用金融,社会保障始终不能忘记的目标应当是保障改善民生、维护社会公平和增进人民福祉,应当以健全的社会保障体系为中国式现代化提供基础支撑,为中华民族伟大复兴贡献制度力量。

提高养老保险参与率

艾美彤

2023-03-17

在老龄化的背景下，养老保险决策是家庭金融决策的重要内容，也是学者和政策制定者关注的重要议题。自 1993 年党的十四届三中全会首次提出“建立多层次的社会保障制度，为城乡居民提供同我国国情相适应的社会保障”以来，中国社会保障的改革与发展取得了巨大的进步，逐步建立起了与市场经济和社会发展相适应的新型社会保障体系。在制度广覆盖的基础之上，中国社会保障体系的迫切需求之一是实现进一步的高质量发展。本文从信任水平和金融教育两个角度展开讨论。

信任是人们进行经济决策的重要影响因素，尤其是当交易涉及未知的交易对手、长期合同以及法律保护不完善的情况时。在养老保险方面，随着人口老龄化，中国虽然已经建立起了三支柱养老保险体系，但是三支柱却严重失衡，第一支柱基本养老保险的压力日益增加。

在信任建立方面，可以参考中国社会医疗保险体系的建立。中国构建了以基本医疗保险为主体，以补充医疗保险、商业健康保险等为补充，并以医疗救助作为托底层的医疗保障体系。在此基础上，2018 年，国家医疗保障局正式成立，将人力资源和社会保障部的城镇职工与城镇居民基本医疗保险、生育保险职责，原国家卫生和计划生育委员会的新型农村合作医疗职责，国家发展和改革委员会的药品与医疗服务价格管理职责，民政部的医疗救助职责等进行了整合。基本医保行政管理职能的统一、法治的健全，均有助于落实“三保合一”，推动“三医联动”的实现，进一步加强公众对于医疗保障体系的信任。《2021 年全国医疗保障事业发展统计公报》显示，截至 2021 年年末，全国基本医疗保险参保人数为 136 297 万，参保率稳定在 95%以上，基本实现了全民医保。

居民对于养老保险制度的参与依赖于他们对于制度可持续性、收益性和保障性的感知，这在很大程度上取决于他们对制度提供方的信任水平。政府部门可以通过提升政府透明度、增强公共资源的提供和有效配置来提升政府治理水平，从而提高居民对于政府的信任水平，有效提升公众的参保意愿。

金融素养能够对个体的投资和储蓄决策产生重要的影响。

金融素养不足的人缺乏储蓄和投资的相关知识与技能，并且难以评估自己未来的长寿风险，难以对不同养老保险产品的风险和收益进行评估及比较，难以做出最优的资产配置，从而影响参保意愿。金融素养不足也会使得个体无法准确理解政策制度和保险合同的内容，从而忽略养老保险的保障作用和重要性，对参与养老保险持怀疑态度，抑制参保需求。中国传统文化中，成年子女有赡养年迈父母的责任。在对于制度规则了解不充分的情况下，相比于社会养老保险制度，家庭内部的利他主义和高信任水平使得居民更加依赖和信任子女提供的养老保障，而不愿意付出成本去理解政策制度。然而，2015 年以来，少子化、老龄化加剧导致中国劳动力市场结构发生了巨大变化，突出表现为老年抚养比逐年升高，中国养老保障问题日益严峻。国家统计局数据显示，中国的人口出生率由 2000 年的约 14.0‰下降至 2022 年的约 6.8‰。与此相对，老年人口比例逐年上升，中国 60 岁及以上人口从 2010 年第六次全国人口普查时的 1.78 亿人（占比 13.26%）快速上升至 2020 年第七次全国人口普查时的 2.64 亿人（占比 18.70%）。老年抚养比逐年上升，子女赡养的压力逐年增加。参与社会养老保险有助于提高家庭福利水平。

因此，提高公众的金融素养水平变得尤为重要。在拥有足够的金融素养的情况下，个体能够更好地进行养老规划，理性地进行投资和储蓄。金融素养的提升能够帮助个体更好地理解养老保险的缴费方式和机制，从而有效地提高居民对于养老保险的缴费水平。对中国农村的随机控制实验发现，保险知识通过社会网络的传播，有助于改善家庭的保险参与，提高参保率并降低保费。这表明,金融教育在提高居民金融素养方面具有潜力。政府和保险提供者应该通过多种形式的宣传和教育活动,向广大民众普及金融知识和保险知识,从而提高居民的金融素养和保险素养水平,进而提高居民的参保意识和参保意愿。除此之外,政府和保险提供者也可以通过建立更加透明、易于理解的政策制度和保险合同,来帮助个体更好地理解保险产品的内容,提高参保的便利程度。

发展多层次养老服务体系

张浩田

2023-03-24

截至 2022 年年末，我国 60 岁及以上人口已超过 2.8 亿，预计“十四五”时期将突破 3 亿，进入中度老龄化阶段。2023 年《政府工作报告》肯定了积极应对人口老龄化国家战略的一系列举措，包括“推动老龄事业和养老产业发展”“发展社区和居家养老服务，加强配套设施和无障碍设施建设，在税费、用房、水电气价格等方面给予政策支持”“推进医养结合，稳步推进长期护理保险制度试点”等，并将“加强养老服务保障”作为今年的一项工作重点。我国老年人口规模大，老龄化速度快，老年人的需求结构正在从生存型向发展型转变；与此同时，老龄事业和养老服务还存在发展不平衡、不充分的问题。农村养老服务水平有限、优质普惠服务供给不足、专业护理人员短缺、养老事业和产业协同尚需提升，建设与人口老龄化进程相适应的老龄事业和养老服务体系的重要性与紧迫性日益凸显。

一、顺应人口老龄化趋势的多层次养老服务体系

积极应对人口老龄化，意味着正视老年群体在生活照料、心理支持、康复护理、临终关怀、紧急救助等方面日益增长的需求。然而，随着家庭规模的缩小、居住安排的改变和劳动力跨区域流动性的提高，"养儿防老"的传统家庭养老模式已难以维系。我国开始积极建立机构和社区护理基础设施，健全多层次的养老服务体系，形成家庭照护的有效替代和补充，满足老年人日益增长的多层次、高品质健康养老需求。2006 年 2 月，《关于加快发展养老服务业意见的通知》(国办发〔2006〕6 号)指出，发展养老服务业要按照政策引导、政府扶持、社会兴办、市场推动的原则，逐步建立和完善"以居家养老为基础、社区服务为依托、机构养老为补充"的多层次服务体系；2015 年 11 月，卫生和计划生育委员会等部门公布《关于推进医疗卫生与养老服务相结合指导意见的通知》(国办发〔2015〕84 号)后，"多层次"的含义被逐渐拓展为"以居家为基础、社区为依托、机构为补充、医养结合"。这种多层次的体系有潜力提供更加高质量、高效率的照护服务：一方面，以社区和机构服务弥补独居和空巢老人缺失的家庭养老照料，满足失能、半失能老人康复和护理的刚性需求；另一方

面，通过将专业养老机构的服务延伸到家庭和社区，对生活环境进行适老化改造并提供专业照护、健康管理、远程监测等服务，形成居家养老的有效补充，精准提高照护质量。

二、养老服务工作的战略地位持续提升

近年来，党和国家高度重视老龄事业与养老服务体系发展，积极应对人口老龄化。2006 年 12 月，中共中央、国务院作出《关于全面加强人口和计划生育工作 统筹解决人口问题的决定》（中发〔2006〕22 号），首次提出“积极应对人口老龄化”，并指出有条件的农村地区“可建立政府、集体和社会共同参与的养老服务机构”，以及城市地区“提高养老服务机构在城市规划中的比重”。自党的十七大确立“老有所养”的战略目标以来，我国加快部署养老服务工作以积极应对老龄化：党的十七届五中全会提出“优先发展社会养老服务”的方针；党的十八大报告不仅将“老有所养”列为在改善民生和创新管理中加强社会建设的根本目标之一，而且对“积极应对人口老龄化”做出战略部署，提出“大力发展老龄服务事业和产业”；党的十九大报告进一步指出，“积极应对人口老龄化，构建养老、孝老、敬老政策体系和社会环境，推进医养结合，加快老龄事业和产业发展”；自党的十九届五中全会将“积极应对人口老龄化”上升为国家战略后，党的二十大报告明确提出“发展养老事业和养老产业，优化孤寡老人服务，推动实现全体老年人享有基本养老服务”。不难看出，与“养老”和“服务”相关的关键词在党中央重要会议上被越来越多次提及，从“有条件可以”到“优先”“大力”和“加快”发展，养老服务工作在应对人口老龄化进程中的战略地位持续提升。在具体工

作安排方面,2019 年 11 月,中共中央、国务院印发《国家积极应对人口老龄化中长期规划》,从“打造高质量为老服务和产品供给体系”等五方面明确了具体任务;2022 年 2 月,国务院公布《“十四五”国家老龄事业发展和养老服务体系规划》(国发〔2021〕35 号),围绕“推动老龄事业和产业协同发展,构建和完善兜底性、普惠型、多样化的养老服务体系”部署了工作任务。发展高质量的养老服务事业和产业,全面加快养老服务体系的建设,是顺应老龄化时代的要求,也是国家明确的战略安排。

三、推动养老服务体系高质量发展

面对养老服务有效供给不足、专业人才短缺、服务水平参差不齐等短板,有必要进一步调动社会力量建设养老服务体系,探索机构服务向社区和居家养老延伸,促进各层次之间的良性互动。例如,培育专业化为老服务社会组织,以政府购买形式签订服务协议,协助老年友好型社区创建工作,并为老年人提供巡访关爱上门服务;探索“公建民营”机构养老服务合作模式,支持个性化、差异化、定制化的养老服务进入社会福利院,同时吸引更多老年人到养老机构享受专业服务。然而在我国现行模式中,仍存在政府与市场边界不够清晰、优惠政策的落实情况尚不理想等问题。应着力破除体制障碍,厘清社会组织参与养老服务的边界和补偿模式,完善政府购买养老服务机制及配套法律法规,积极鼓励社会力量参与多层次养老服务体系的建设。

相比城市地区,我国农村“空壳化”现象突出,且养老服务体系的建设步伐尤为滞后、服务供给积极性不足,探索农村养老服务新模式已成大势所趋。一种可能的路径是,以政策为杠杆,充分发挥各层次服务提供者的优势，构建政府、村民互助、养老机构等融合共治的新模式，使农村养老多元共治成为现实。一方面，支持发展适应乡村特征的互助养老模式，满足自理老年人就近就便养老需求。另一方面，发挥政策杠杆激励效果，活跃与养老相关联的上下游产业，撬动整个农村养老市场，提高养老机构供给服务的积极性。此外，借助城市养老服务的资源优势，充分发挥辐射作用，引导城市养老机构对农村养老机构开展挂钩帮扶，加快推进城乡养老服务资源及要素的自由流动。

从“五性”看社会保障高质量发展

郑 伟

2023-04-01

2023 年 3 月，习近平总书记在第十四届全国人民代表大会第一次会议上的讲话指出，要贯彻以人民为中心的发展思想，完善分配制度，健全社会保障体系，强化基本公共服务，兜牢民生底线，解决好人民群众急难愁盼问题，让现代化建设成果更多更公平惠及全体人民，在推进全体人民共同富裕上不断取得更为明显的实质性进展。结合党的二十大精神，从现在起到 21 世纪中叶，社会保障领域的中心任务就是健全社会保障体系、促进社会保障事业高质量发展，为实现中国式现代化提供重要的制度支撑。

中国式现代化既有各国现代化的共同特征，也有基于自己国情的中国特色。中国式现代化对社会保障的“五性”，即普遍性、精准性、公平性、可持续性和经济友好性，提出了新的更高要求。

第一，人口规模巨大的现代化，对社会保障的普遍性提出了更高要求。同样是全覆盖，相较于几千万人口规模的国家，拥有超过14亿人口的中国，实现社会保障全覆盖的艰巨性和复杂性前所未有。当前，我国社会保障扩面工作取得了显著的成效，但也存在一定的问题，部分农民工、灵活就业人员、新业态就业人员等人群没有纳入社会保障，工伤保险、失业保险等覆盖面仍有一定的缺失。

第二，全体人民共同富裕的现代化，对社会保障的精准性提出了更高要求。促进共同富裕，要构建初次分配、再分配、三次分配协调配套的基础性制度安排，加大税收、社会保险、转移支付等调节力度并提高精准性。社会保障的精准性既体现为保障风险的精准性，也体现为保障人群的精准性，还体现为保障区域的精准性。在现代化国家建设中，要通过社会保障的精准性增加低收入群体收入，促进全体人民朝着共同富裕目标扎实迈进。

第三，物质文明和精神文明相协调的现代化，对社会保障的公平性提出了更高要求。精神文明不是虚幻的空中楼阁，而是根植于群众实实在在的民生感受中。社会保障既通过再分配发挥收入调节作用，夯实人民幸福生活的物质基础；又通过“天下为公”“民为邦本”等社会保障制度内嵌的公平正义基因，弘扬中华优秀传统文化，促进精神文明发展。当前，我国社会保障公平性有显著提升,但城乡、区域、群体之间的待遇差异不尽合理。因此,随着现代化国家建设的推进,社会保障的公平性也要相应提升。

第四,人与自然和谐共生的现代化,对社会保障的可持续性提出了更高要求。对社会保障而言,其可持续性一方面表现为社会保障对生态可持续发展的保障和支持,另一方面还表现为社会保障自身的可持续发展,既满足当代人的社会保障需求,又不损耗后代人满足社会保障需求的能力。在人口老龄化日趋加深的背景下,社会保障可持续性面临挑战,这一问题应当在现代化国家建设中加以妥善解决。

第五,走和平发展道路的现代化,对社会保障的经济友好性提出了更高要求。我们不走一些老牌资本主义国家通过战争、殖民、掠夺等方式实现现代化的老路,我们走的是和平发展的道路,社会保障成本构成经济发展成本的一部分,这对社会保障与经济发展的关系提出了更高的要求,即社会保障的水平不能超越经济发展阶段,社会保障要具有更高的经济友好性。

以上五个方面,既是中国式现代化对社会保障提出的新要求,也是社会保障高质量发展的题中应有之义。到 21 世纪中叶,如果我国社会保障的"五性"都能得到全面提升,那么社会保障事业就实现了高质量发展,也为中国式现代化、强国建设和民族复兴伟业作出了历史性贡献。

从统计数据看共同富裕的艰巨性

郑　伟

2023-05-01

党的二十大报告指出，中国式现代化是全体人民共同富裕的现代化。一方面，共同富裕是中国式现代化的重要特征，必须着力促进全体人民共同富裕，坚决防止两极分化。另一方面，共同富裕是一个长远目标，不可能一蹴而就，对其艰巨性要有充分认识。我们可以从统计数据来看共同富裕的现实基础和艰巨挑战。

首先，从城乡居民人均可支配收入看，过去10年城乡之间收入差距有所缩小。2013年，城镇居民人均可支配收入为26 467元，农村居民人均可支配收入为 9 430 元,前者是后者的约 2.8 倍。2022 年,城镇居民人均可支配收入为 49 283 元,农村居民人均可支配收入为 20 133 元,前者是后者的约 2.4 倍。

其次,从城乡居民人均消费支出看,过去 10 年城乡之间消费差距有更为明显的缩小。2013 年,城镇居民人均消费支出为 18 488 元,农村居民人均消费支出为 7 485 元,前者是后者的约 2.5 倍。2022 年,城镇居民人均消费支出为 30 391 元,农村居民人均消费支出为 16 632 元,前者是后者的约 1.8 倍。

再次,从全国居民人均可支配收入基尼系数看,过去 20 年全国居民收入差距呈现先扩大后缩小、近年较为胶着、总体悬殊的态势。2003—2008 年,全国居民人均可支配收入基尼系数从 0.479 波动上升至 0.491;2008—2015 年,该基尼系数从 0.491 持续下降至 0.462;2015—2021 年,该基尼系数在 0.462—0.468 波动徘徊。一般认为,基尼系数介于 0.3—0.4 时收入差距比较合理,介于 0.4—0.5 时收入差距过大,大于 0.5 时收入差距悬殊。如果考虑国家统计局住户调查数据样本的代表性不足问题,比如高收入人群样本偏少、中低收入人群样本偏多,收入差距可能被低估,那么实际上我国居民收入差距很可能已经属于"悬殊"的级别。

最后,从全国居民按收入五等份分组的人均可支配收入看,过去 10 年全国高低收入组家庭之间收入差距有小幅缩小,但城镇内部收入差距有所扩大,农村内部收入差距显著扩大。从全国看,2013 年,高收入组家庭居民人均可支配收入为 47 457 元,低收入组家庭居民人均可支配收入为 4 402 元,前者是后者的约 10.8 倍;2022 年,高收入组家庭居民人均可支配收入为 90 116

元，低收入组家庭居民人均可支配收入为 8 601 元，前者是后者的约 10.5 倍。10 年之间，两者之间的倍数从 2013 年的约 10.8 下降为 2022 年的约 10.5，降幅为 2.8%，高低收入组家庭之间收入差距有小幅缩小。从城镇内部看，2013—2022 年，高收入组家庭与低收入组家庭城镇居民人均可支配收入倍数从 5.8 上升为 6.3，升幅约为 8.2%，收入差距有所扩大。从农村内部看，2013—2022 年，高收入组家庭与低收入组家庭农村居民人均可支配收入倍数从 7.4 上升为 9.2，升幅约为 23.8%，收入差距显著扩大。

综上所述，虽然我国城乡居民之间的收入和消费差距有所缩小，但是从全国范围看居民收入差距仍处于胶着状态，总体悬殊，并且城镇内部和农村内部的收入差距仍在扩大，推动共同富裕任务艰巨。

面对这一现实状况，我们在推动共同富裕的进程中，一要坚持循序渐进，尽力而为、量力而行，政府不能什么都包揽，重点是加强基础性、普惠性、兜底性民生保障建设；二要处理好效率与公平的关系，发挥市场、政府和社会的比较优势，构建初次分配、再分配、三次分配协调配套的基础性制度安排；三要加大全社会对人力资本的投入，特别是对中低收入群体的人力资本的投入，防止社会阶层固化，畅通向上流动通道；四要关注重点领域，特别是着力扩大农村中等收入群体比重，增加农村低收入群体收入，促进共同富裕。

发挥家庭养老在健康老龄化中的重要作用

谢志伟

2023-05-05

随着我国人口出生率下降和人均寿命不断延长，人口老龄化的趋势将不断加重。一方面，我国人口出生率在降低。国家统计局的数据显示，2022年我国出生人口为956万，是1950年以来的最低值。同时总人口在近60年首次出现了负增长。另一方面，我国的人均寿命继续增长。根据国家卫生健康委员会发布的数据，我国居民人均预期寿命由2020年的77.93岁提高到2021年的78.20岁。可以预期，人口老龄化在未来较长的一段时期不可避免，并会对居民生活、产业发展、公共财政等方面带来巨大影响。

积极应对人口老龄化的正确方式是实现健康老龄化，即个人在老年阶段仍然能保持健康生活的状态。老年人健康寿命的增长，一方面缩短了老年人身陷疾病困扰的时间，提升了老年人自身的生活质量；另一方面，健康老龄化能够让老年人所积累的人力资本进一步转化为二次人口红利，更好地发挥老年人自身的社会价值。

自“积极应对人口老龄化”被明确为国家战略以来，党和政府高度重视健康老龄化的相关工作。2021 年发布的《中共中央国务院关于加强新时代老龄工作的意见》强调，把积极老龄观、健康老龄化理念融入经济社会发展全过程。2022 年，《“十四五”健康老龄化规划》（国卫老龄发〔2022〕4 号）在健康教育、疾病预防、医疗服务、照护服务等九方面提出了实现健康老龄化的主要任务，推动老龄事业高质量发展。

实现健康老龄化离不开个人、家庭和社会的共同努力。就个人而言，每个人都是自己健康的第一责任人，树立正确的健康意识，养成良好的行为习惯，积累应对健康风险的财富储备，对预防疾病的发生至关重要。就家庭而言，家庭作为个人健康风险分摊的重要机制，当重大疾病冲击发生时，来自家人的经济支持和非正式照料为老人提供了坚实的保障。就社会而言，保持尊老敬老的传统美德，开展老年健康的宣传教育，加强社区养老和健康服务，也有利于实现健康老龄化。

在家庭养老方式较为普遍的我国，家庭养老在推动实现健康老龄化上发挥了重要的作用。其一，家庭养老弥补了我国公共养老金制度的不足。虽然目前我国基本养老保险制度大体上做到了全覆盖，但保障水平依然较低，尤其是对于城乡居民而言，由家庭提供的经济支持是老年人的重要养老保障来源之一。因此，家庭养老能够帮助低收入老年群体维持日常生活开支并承担一部分健康支出，为实现健康老龄化贡献了一定的经济基础。其二，家庭养老填补了老年照料市场的缺口。根据2022年8月《国务院关于加强和推进老龄工作进展情况的报告》披露的数据，截至2022年第一季度，全国养老服务机构和设施总数为36万个，床位812.6万张。而我国失能和部分失能老年人约4 000万，患有慢性病的老年人更是超过1.9亿，老年照料服务的市场供给远低于潜在需求。家庭养老所提供的照料服务一定程度上填补了老年人对机构照料服务的需求。同时，相比于照护机构的护工，与老年人共同生活的家人更熟悉其生活习惯和疾病史，在某些方面能更好地帮助老年人健康生活。其三，家庭养老提供了独特的情感支持。老年人的生活质量不仅与物质生活的充裕相关，也离不开情感人文的交流。医院和其他照护机构容易让老年人产生孤独感，而与家人共同生活则为老年人提供了情感慰藉，尤其是身患疾病时，家人的陪伴往往是老年人战胜病魔的信念支撑。

发挥好家庭养老的重要作用应当注意以下三方面的工作：

第一，加强家庭养老与社会保障制度的衔接。相比于公共养老金，家庭养老提供的经济支持的特点是较为灵活，这既是家庭养老的优势所在，在某些情形下又是家庭养老的不足之处。当老年人遇到突发困难时，家庭养老提供的经济支持往往能解燃眉之急。但它能否“独挑大梁”，既取决于家人自身的经济状况，也依赖于他们的支付意愿。而公共养老金制度能提供长期固定的收入来源，基本医疗保险和长期护理保险提供了医疗和护理支出的保障，社会救助制度则为特定的人群发挥了托底作用。加强家庭养老与社会保障制度的衔接，就是让家庭养老的灵活性尽可能成为它的优势，充分发挥其救急的功能，而社会保障制度则提供基础和兜底保障。

第二，加强家庭养老与社区和机构照护服务的衔接。如前文所述，家庭养老的照料服务提供了独特的情感慰藉，但要意识到家庭养老服务的非专业性，同时家庭养老服务也为家庭照料者带来了不小的时间成本，因此社区和机构照护服务仍然不可或缺。一方面，可以支持社区、机构为失能老年人家庭提供家庭照护者培训，提升家庭养老照料服务的专业性；另一方面，应鼓励社会力量参与老年照料服务事业，促进机构照护服务发展。

第三，推动构建孝亲敬老型社会。家庭养老根植于传统文化，无论发生什么变化，其所代表的精神内涵永远是孝亲敬老的优秀文化，而当下社会发生的一些逃避赡养老年人责任的社会热点新闻值得深思。首先，应当加强老年人优待工作，如公交乘车优惠、公园门票减免、在醒目位置设置老年人优待标识等，在社会层面形成优待老年人的风气。其次，应当鼓励尊老敬老的社会行为，对孝亲敬老的模范典型进行表彰，将孝亲敬老纳入日常宣传工作当中。最后，加强老年人的合法权益保障，对逃避赡养责任、老年家庭侵权等矛盾纠纷给予相应的调解支持和法律援助，积极维护老年人的合法权益。

社会观念变化对养老保险体系的影响

茅陈斌

2023-05-12

国家统计局数据显示，截至2022年年末，我国60岁及以上年龄人口达到2.8亿，占总人口的比例为19.8%，65岁及以上人口达到2.1亿人，占总人口的14.9%。随着我国人口老龄化快速发展，社会养老负担日益加重，三支柱养老保险体系亟须实现高质量发展。

在人口老龄化的背景下，收入水平、受教育水平、平均寿命等因素的改变导致我国的社会观念也在悄然发生改变。社会观念是指在特定历史条件下人们共同形成并认同的一些基本思想观念,包括价值观念、道德观念、文化观念、伦理观念等。常见的社会观念包括家庭观念、性别观念、社会公平观念等。这些社会观念的变化会通过影响个人或家庭的劳动参与、养老保障方式选择等决策进而对养老保险体系产生影响。

一、家庭观念

家庭观念是指人们对家庭的认知和评价,包括家庭的功能、家庭成员的角色、家庭关系等。家庭观念是影响人们养老保障决策和养老保险参与的重要因素之一。在我国传统的家庭观念中,家庭养老(包括子女养老、宗族养老等)往往是人们首选的养老保障手段。然而,随着城市化进程的加快和家庭结构的变化,家庭养老的传统家庭观念正在逐渐发生变化。第七次全国人口普查的结果显示,我国的家庭规模持续缩小,平均每个家庭户人口仅为2.62人,比2010年减少了0.48人。中国综合社会调查(CGSS)数据显示,认为"有子女的老人的养老主要应该由自己负责"的受访者比例由2012年的4.67%上升至2021年的7.90%。

由此可见,在家庭规模持续缩小、传统家庭养老观念逐渐弱化的背景下,单纯的"家庭养老"已经难以满足现代化社会的养老需求。在这种情况下,养老保险成为一种合理、有效的养老保障补充方式。通过参与养老保险,个人可以为自身养老提供支持,弱化对家庭养老的依赖,这既减轻了子女的养老负担,又有助于形成自己的多元化养老支持体系。

二、性别观念

性别观念是指人们对男女性别的认知和评价,包括性别角色、性别分工等。在传统的性别观念下,男女角色分工明确,男性主要负责外出工作赚取收入,女性则主要负责家庭和育儿。因此,女性往往有着较低的劳动参与率,并承担着较多的家庭内部劳动。随着性别平等观念的逐渐传播,传统的性别观念也发生了明显的变化。以"男主外,女主内"这一典型的性别观念为例,中国综合社会调查数据显示,同意"男人以事业为重,女人以家庭为重"这一说法的受访者比例从2012年的64.12%下降至2021年的50.55%。

在性别平等的趋势下,女性甚至整个家庭的养老保障决策均会受到性别观念变化的影响。首先,性别观念的平等化提高了女性的劳动参与率。随着女性越来越多地参与劳动力市场,由用人单位提供的基本养老保险和企业年金等能够提高女性的养老保险参与率。同时,随着劳动参与提高而带来的收入增加,也能促进女性利用第三支柱养老保险规划自身养老保障。其次,性别观念的平等化减少了女性家庭内部劳动,在照料时间等方面弱化了"家庭养老"的作用,更加凸显了养老保险对于传统"家庭养老"的补充作用,也对社会化养老服务等养老支持体系提出了更高的要求。最后,性别观念的平等化还可能通过生育行为等家庭决策对养老保险参与产生影响。

三、社会公平观念

社会公平观念是指人们对社会公正、平等和正义的认识和要求。人们普遍认为,在一个公平的社会中,每个人都应该享有平等的待遇和机会。随着经济社会不断发展,人们的社会公平观念不断提高,对社会公平的要求也不断提高。这对养老保险体系可能产生两个方面的影响：

一方面，社会公平观念的提高会提高人们对平等待遇的要求。以基本养老保险制度为例，2022 年 1 月 1 日，企业职工基本养老保险全国统筹正式实施。在全国统筹的背景下，社会公平观念普及程度的提高对基本养老保险的制度设计提出了更高的要求。如何平衡地区发展差异性和养老保险待遇差异带来的民众不公平感，将是全国统筹阶段基本养老保险制度建设面临的重要问题之一。

另一方面，社会公平观念的提高会提高人们对平等机会的要求。在传统观念下，人们往往认为老年群体不再具有较高的生产力，对社会经济发展发挥的作用有限，反而会消耗大量社会福利和资源，对老年群体的就业歧视便随之产生。随着人们主观社会公平观念的提高，以及平均寿命延长、平均人力资本水平提高等客观条件的变化，老年群体平等就业参与的能力和需求日益提高。2021 年 11 月，《中共中央 国务院关于加强新时代老龄工作的意见》公布，鼓励老年人继续发挥作用，探索适合老年人灵活就业的模式，全面清理阻碍老年人继续发挥作用的不合理规定。党的二十大报告强调“实施积极应对人口老龄化国家战略”，凸显了这一问题的重要性。对于老年群体来说，没有年龄歧视的平等就业参与是积极老龄化的重要组成部分。目前，在延迟退休政策大思路已确定的背景下，合理的、逐步的、弹性的延迟退休政策与完善的老年就业支持体系形成的政策组合拳，既有助于激发老龄社会人力资本红利，又能减轻养老保险体系的负担。

可以说，随着经济社会不断发展，我国的家庭观念、性别观念、社会公平观念等社会观念都发生了显著的变化。在人口老龄化的大背景下，社会观念的变化将给养老保险体系带来多方面的影响。家庭养老的传统家庭观念逐渐弱化需要养老保险体系提供家庭以外的多样化养老保障手段，需要多支柱养老保险体系平衡健康发展。性别观念趋于平等化促进了女性的养老保险参与，增加了对社会化养老服务等养老支持体系的需求。社会公平观念的不断强化则对养老保险制度设计的公平性提出了更高的要求。

由此可见，我们应更加重视社会观念变化及其对养老保险体系的影响，并提出有针对性的政策方案，以促进养老保险体系的高质量发展。例如，我们可以通过加快完善第三支柱，既丰富个人养老保障手段，又能缓解第一支柱压力；加快建设和完善社会化养老服务等养老支持体系，提供家庭以外的多样化养老支持；利用合理的、逐步的、弹性的延迟退休政策与完善的老年就业支持体系的政策组合来激发老龄社会人力资本红利，减轻养老保险体系的负担等。

社会保障事业改革发展的五个维度

郑　伟

2023-06-01

党的二十大报告对未来一段时期社会保障的改革发展提出了方向性要求。我们应当根据这些要求来谋划社会保障事业的改革发展，具体包括以下五个维度：一是在横向维度上，扩大覆盖面；二是在纵向维度上，提高统筹层级；三是在时间维度上，持续深化制度改革；四是在空间维度上，拓展多险种、多层次体系；五是在运行维度上，健全机制设计。

在横向维度上，继续扩大社会保险覆盖面，全面实施全民参保计划。比如，在职工基本养老保险方面,实现由制度全覆盖走向法定人群全覆盖,特别是要适应就业方式多样化的新形势,放开灵活就业人员参加社会保险的户籍限制,积极促进有意愿、有缴费能力的灵活就业人员和新就业形态从业人员参加企业职工基本养老保险。又如,在工伤保险方面,实现工伤保险政策向职业劳动者的广覆盖,以高危行业为重点,持续扩大工伤保险覆盖范围,推进平台灵活就业人员职业伤害保障工作。

在纵向维度上,做好企业职工基本养老保险全国统筹实施工作,并提高其他社会保险项目的统筹层级。在实施过程中,及时总结经验,不断健全完善制度。一要统一养老保险政策,尤其是各省养老保险的缴费基数、缴费比例和待遇项目等。二要建立中央和地方养老保险支出责任分担机制,既保持中央财政补助的稳定性和连续性,又逐步强化地方政府的支出责任,避免地方政府"躺平"。三要加强能力建设,提高基金征收、基金管理、经办服务和信息系统的支撑水平,为养老保险全国统筹提供更好的运行保障。

在时间维度上,持续深化各项重点制度改革,把养老保险、医疗保障、社会救助、社会福利的制度改革进一步向前推进。以养老保险为例,2019 年,中央出台了改革和完善基本养老保险制度总体方案,明确了当前及今后一个时期养老保险改革的指导思想、总体目标、基本原则,以及 8 个方面 20 项具体改革任务。未来一段时期,要按照这一总体方案持续深化制度改革,并在实践中不断完善。比如,实施渐进式延迟法定退休年龄、规范城乡居民基本养老保险个人账户计息办法、修订职工基本养老保险个人账户计发月数、完善被征地农民参加基本养老保险政策、推动建立城乡居民基本养老保险丧葬补助金制度、加强退役军人保险制度衔接等。

在空间维度上,拓展多险种、多层次的社会保障体系。一是发展多层次、多支柱养老保险体系。在夯实基本养老保险制度的基础上,大力发展企业年金、职业年金,并规范发展养老保险第三支柱,推动个人养老金和其他个人商业养老金融健康发展。二是促进多层次医疗保障有序衔接。健全以基本医疗保险为主体,医疗救助为托底,补充医疗保险、商业健康保险、慈善捐赠、医疗互助等共同发展的多层次医疗保障制度。三是建立长期护理保险制度。在长期护理保险的制度框架、待遇保障、标准认定和经办服务等方面迈出实质性步伐。

在运行维度上,健全社会保障的相关机制设计。一要健全社会保障筹资和待遇的确定与调整机制,逐步缩小职工与居民、城镇与农村的筹资和保障待遇差距。二要加强社会保障的精细化管理,健全社会保障的公共服务机制,既要加快完善全国统一的社会保险公共服务平台,深入推进社会保险经办数字化转型,又要优化传统服务,针对老年人和残障人士等群体的特点,提供更加贴心暖心的社会保障服务。三要健全社会保险基金保值增值和安全监管机制,防范化解基金运行风险,尤其要注意避免三类"不安全",即不规范的不安全、不专业的不安全和不发展的不安全。

个人养老金制度半年总结和未来展望

陈　凯

2023-06-21

2022 年 11 月 25 日，个人养老金制度在北京、上海、广州、西安、成都等 36 个先行城市或地区启动实施，这标志着我国多层次的养老保障体系找到了最后一块拼图。如今，个人养老金制度实施已经满半年，现状如何？未来发展的方向何在？

在我国老龄化压力不断增大的背景下，居民养老越来越成为国民话题，因此，个人养老金制度的推出备受社会各界关注。各家金融机构，尤其是各大银行纷纷开始大力宣传，并推出各种激励政策，一时间受到了多方的关注。截至 2022 年年末，参加个人养老金的人数在短短一个多月的时间内达到 1 954 万，缴费人数 613 万，总缴费金额 142 亿元。在经历初期的开户火爆后，个人养老金开户进入了平稳期。根据人力资源和社会保障部最新公布的数据，截至 2023 年 6 月底，个人养老金参加人数已经超过 4 000 万。单纯从参与人数来看，个人养老金制度对居民的吸引力是比较大的。如果横向来看，与 2018 年税收递延型商业养老保险试点相比，个人养老金无论从关注度、开户数还是缴费额方面都远超之前的试点，其中主要有三个原因：

一是制度设计合理。目前来看，个人养老金在制度设计上摒弃了 2018 年的固定保险产品制度，改为采用国际上较为流行的个人账户制度。每个参与者都可以通过银行或其他金融机构开设专属的个人养老金账户。参与者通过此账户进行自主投资，由个人根据自身的风险偏好制定专属投资策略并分配在不同产品间的投资比例。同时，更为合理的税收优惠政策可以提高个人养老金制度的吸引力，鼓励中高收入水平的居民提前为养老进行储备。这不仅增加了个人退休后的收入现金流，还缓解了第一支柱和第二支柱的压力。

二是居民养老意识增强。近年来，随着中国人口老龄化进程加深和媒体不断宣传，居民愈发意识到未来养老规划的重要性。尤其是在 2020 年全球新冠疫情持续蔓延和前所未有的市场波动背景下，中国的年轻一代开始意识到退休规划和长期投资的重要性。由中国老年学和老年医学学会老龄金融分会、清华大学银色经济与健康财富发展指数课题组、大家保险集团联合撰写发布的《中国城市养老服务需求报告（2022）》显示：

55.8%的城市居民认为应该跟儿女分开居住,相互独立;53.3%的城市居民认为应该跟子女相邻居住,享受一碗汤的距离;32.6%的受访者认为应该靠专业机构照料,减轻子女负担;仅有14.3%的受访者希望跟儿女同住继续一起生活,养老靠子女。调查显示,独立自主的养老观念明显占据多数。而独立养老需要一定的经济实力,要求个人提前进行财务规划,这也是为什么个人养老金制度具有较强吸引力的原因之一。

三是产品选择更加丰富。在之前个人税收递延型商业养老保险试点中,受到质疑最多的就是产品选择过于单一。虽然产品按积累期养老资金的收益类型分为收益确定型、收益保底型、收益浮动型三种,但整体设计还是在"保险"这个框架中。这种设计基本固定了投资方向,投资者在产品选择上的灵活度非常小,影响了居民的投资热情。而个人养老金制度则改为账户制,居民在开户之后可以自由选择投资方向。既有风险较大的养老目标基金,也有较为保守的定期存款,还有专属的个人养老保险产品。丰富的选择方向让个人投资者可以根据自己的风险偏好和养老规划对不同产品直接进行分配。未来还可以在不同的年龄阶段调整自己的投资配置比例。即使暂时不确定投资方向,也可以在开设个人养老金账户后缴费以享受税收优惠的额度。

总体来看,个人养老金起步半年的效果不错。当然,也要看到目前开户人数增速放缓、部分账户空置的潜在问题。但长期来看,其蕴含的巨大发展空间毋庸置疑。个人认为,在未来的发展方向上还有三个需要关注和调整的方面:

一是优化税优激励政策。目前个人养老金个税政策的规定是:在投资环节,按照1.2万元/年的缴费限额,不征收个人所得税；在领取环节，领取的个人养老金单独按照3%的税率缴纳个人所得税。如果单纯依靠这种税收优惠激励，将对中等收入和高收入群体产生较大的影响，但几乎不会吸引低收入者参与购买。因为我国个人所得税目前的起征点是每月5000元，对收入不到起征点的人来说，现行的税收政策毫无吸引力。对于收入略高一点的个人来说，这一政策也并不一定划算。目前在税优额度上还有争议点，需要观察近几年实际情况，再结合国际经验，动态调整激励政策。既不能一味地提高税优额度上限，带来社会的不公平，也不能一直维持较低的税优额度造成吸引力下降。未来税优政策根据试点情况不断调整，也不失为一种次优策略。

二是继续加强养老规划重要性的宣传和引导。在2022年个人养老金制度启动初期，大部分的银行和其他金融机构都采用了现金激励的方式来扩大宣传和吸引客户。但随着大家对个人养老金制度认识的不断加深，开户人数也终将接近饱和，后续则应该加强养老规划和风险意识方面的投资者教育，不仅要让居民正确地理解个人养老金制度的运行模式和运作机理，还要引导居民建立理性的投资理念，形成良好的养老规划意识。参考国际经验，政府要主动出面加强相关的宣传，利用政府的公信力来提高制度的号召力，给投资者带来更大的信心。金融机构可以在此基础上利用自己的客户网络渠道，将养老规划和风险管理的理念传达给投资者。这样不仅可以扩大个人养老金的覆盖水平，也可以为之后的多层次养老保障体系改革打好基础。

三是提高金融服务水平。虽然居民的养老意识得到了显著提升，但在专业的金融投资领域，大部分人都无法作出合理的选择。个人养老金账户也是如此。据国家社会保险公共服务平台、证监会网站等相关网站综合统计,目前,个人养老金产品经过多次扩容后已经有六百多种不同的类型,包括公募基金、商业养老保险、理财产品、定期存款等。丰富的产品一方面给了投资者更多的选择空间和灵活性,另一方面也增加了投资者的选择难度。面对如此丰富的个人养老金产品,什么样的产品更适合自己,已经成为不少投资人面临的问题。中长期来看,个人养老金账户中的客户流量沉淀率与开户行的综合金融服务水平息息相关。金融机构需要在丰富可投资产品种类的同时,更多关注投资者教育,增强投资者的风险意识和理财规划能力,提高服务水平。这样才能保证更好的客户留存率,发挥个人养老金长期投资的效果。

综上所述,个人养老金制度的半年考试成绩基本让人满意,但未来的发展之路长且艰难。整体的制度框架目前已经搭好,但只有通过不断优化改进,才能让个人养老金制度真正发挥养老保障的效果,为完善我国多层次养老保障体系起到应有的作用。

让更多劳动者参加企业职工养老保险

郑　伟

2023-07-01

我国基本养老保险实现了制度全覆盖，取得了显著的成绩，但也存在一定的结构性问题。比如，一些本应参加城镇企业职工基本养老保险的劳动者却参加了城乡居民基本养老保险，出现了错位，也使参保者未来的养老保障水平打了折扣。

先看几个数据。截至 2021 年年末，全国就业人员有 74 652 万，其中城镇就业人员有 46 773 万。全国参加城镇企业职工基本养老保险的人数为 48 074 万，其中参保职工有 34 917

万。如果我们作一个粗略的计算,城镇企业职工基本养老保险参保人员占城镇就业人员的比例为74.7%,这意味着有大约四分之一的城镇就业人员没有被城镇企业职工基本养老保险所覆盖,他们或参加了城乡居民基本养老保险,或两个险种都没有参加。

再看法律和政策的规定。《中华人民共和国社会保险法》规定,“职工应当参加基本养老保险,由用人单位和职工共同缴纳基本养老保险费。无雇工的个体工商户、未在用人单位参加基本养老保险的非全日制从业人员以及其他灵活就业人员可以参加基本养老保险,由个人缴纳基本养老保险费”。2014年国务院公布的《关于建立统一的城乡居民基本养老保险制度的意见》(国发〔2014〕8号)规定,“年满16周岁(不含在校学生),非国家机关和事业单位工作人员及不属于职工基本养老保险制度覆盖范围的城乡居民,可以在户籍地参加城乡居民养老保险”。从以上法律和政策可以看出:其一,如果是职工,则应当参加企业职工基本养老保险;其二,如果不属于职工基本养老保险制度的覆盖范围(同时也不是国家机关和事业单位工作人员),则可以参加城乡居民基本养老保险;其三,对于灵活就业群体,究竟参加企业职工基本养老保险还是城乡居民基本养老保险,具有一定的制度弹性。

对于灵活就业群体参保选择的制度弹性,一方面是必要的,因为灵活就业群体的具体情形比较复杂,不适合搞“一刀切”;另一方面,这种制度弹性也带来了一定的问题,使得一些本应参加企业职工基本养老保险的劳动者参加了城镇居民基本养老保险。

在我国，灵活就业者规模已达 2 亿人左右，灵活就业主要包括个体经营、非全日制和新就业形态。新就业形态从业人员主要包括交通出行、外卖配送、网络零售等领域的平台就业人员。具体可分为三类：第一类是与平台机构订立劳动合同或符合确立劳动关系的情形，第二类是个人依托平台自主开展经营活动、从事自由职业的情形，第三类是依托平台就业、不完全符合确立劳动关系但机构对劳动者进行劳动管理的情形。总体而言，第一类情形和第二类情形的法律关系均较为明确。第三类情形较为复杂，为新就业形态劳动者参加社会保险和维护劳动保障权益带来了新问题。

中国劳动和社会保障科学研究院课题组研究发现，平台吸纳的灵活就业人员"全职化"趋势明显。当前灵活就业的从业者不再以"兼职"满足生存需要为主，而更多将"零工工作"作为"全职工作"。

这种"全职化"的平台灵活就业现象自然引出了几个问题：这些平台灵活就业人员是否属于"职工"？他们是否应当参加企业职工基本养老保险？他们的缴费应当如何安排？是按照灵活就业人员的缴费方式参保，还是按照"用人单位（平台机构）＋职工"的缴费方式参保？灵活就业人员参保的缴费比例是否有必要作特殊处理？这些问题都需要进一步深化研究。

养老保险可持续发展与养老服务供需矛盾

艾美彤

2023-08-30

中国人口老龄化进程加快，65 岁及以上老年人口占总人口比例的从 7%增至 14%，仅用了 22 年(1999—2021)。这一时间跨度与日本相近(24 年，1970—1994)，但远小于一些发达国家，如英国(45 年，1930—1975)、美国(69 年，1945—2014)、瑞典(85 年，1890—1975)、法国(115 年，1865—1980)等。快速缩短的老龄化发展进程会削弱各项人口老龄化应对措施的准备充分度。

一、养老保险的可持续发展

在人口快速老龄化的进程下，养老保险的缴费水平、保障水平和可持续性之间形成不可能三角。人口老龄化加剧、经济增速放缓，养老保险的基金收支平衡压力增加，若要继续维持缴费率和养老金替代率，必要时则需要增加政府财政补贴，养老金自身的可持续性维系难度增强。此外，多支柱养老保险体系发展迟缓，存在严重的结构不平衡问题。第二支柱企业年金发展缓慢，覆盖率有限。第三支柱个人养老金起步较晚，试点推进相对缓慢。

健全多支柱养老保险体系有助于养老保险可持续发展。健全基本养老保险制度，首先要引导城乡居民积极参与第一支柱，选择高档次缴费标准，强化基础保障作用。其次在第二支柱方面，鼓励各单位建立企业年金，扩大企业年金覆盖面。最后推动第三支柱发展，发展并完善个人养老金体系，寻找合适的税优力度，探索合适的缴费标准。总结过去在第三支柱上的试点，如老年人住房反向抵押养老保险试点、个人税收递延型商业养老保险试点等，发现问题，完善现行制度和政策以更好满足老年人的多元化需求。同时，提高对公众的金融保险教育，增强个人的参保积极性，发挥第三支柱的补充作用。

加强老年人经济社会参与有助于养老保险可持续发展。中国现行退休年龄仍沿用 1978 年的规定，男性满 60 岁、女干部满 55 岁、女工人满 50 岁退休。然而 1978—2022 年，中国人的平均寿命由 65.9 岁提升至 77.9 岁，并且中国目前的退休年龄也略低于其他国家的法定退休年龄。适当提高法定退休年龄有助于加强老年人的社会经济参与，降低老龄人口的扶养压力，是可行的社会保险增收减支措施。但是也需要注意在推迟退休年龄上的灵活性。温和的政策干预，包括逐步推进延迟退休，以及学习美国等发达国家的经验——设置完全退休年龄（Full Retirement Age，FRA），在FRA前后对个人领取的养老金数额进行对应比例的降低或者增加，增强个人选择延迟退休的激励。此外，基于现行中国的退休年龄，公众在退休时老而未衰，可以通过积极引导，搭建合适的平台，鼓励和支持老年人参与志愿活动或者灵活就业，降低高抚养比带来的经济压力。

二、养老服务的供需矛盾

中国儒家传统文化中包含“养儿防老”的理念，即子女为老年的父母提供经济支持、情感支持以及生活照顾。随着经济和社会的发展，家庭规模逐渐缩小，加之老龄化和少子化的社会背景，传统的家庭养老方式难以为继。截至2020年第七次全国人口普查，中国平均家庭户规模为2.62人，降至3人以下，家庭养老功能逐步弱化，养老服务需求上升。而与之相对的养老服务供给却存在不足。养老普惠服务提供不足，居家养老服务的区域发展不平衡，专业人才短缺，服务的专业素养不充分，难以满足老年人的多元化需求。

提高老年人的健康水平有助于缓解养老服务的供需矛盾。老年人健康水平的提升有助于提高老年人的劳动参与率。更高的健康水平使得个人有更高的劳动效率，能够支持其在老年阶段的工作强度，尤其是在农村地区，灵活就业者、农民等职业本身并没有明确的退休年龄。健康的提升也能够降低老年人对于养老照护的需求，更好的健康水平使得老年人能够生活自理，减少了对于家庭内部或者社会抚养和照料的压力。因此，应当统筹养老和健康服务，实现医养结合发展。提升老年人的健康管理服务，拓宽老年人获取健康知识和健康服务的渠道，倡导健康的生活方式，积极预防老年疾病，落实老年疾病的评估和诊治。

供需两侧推进长期护理保险制度有助于缓解养老服务的供需矛盾。从供给侧角度来说，我国长期护理保险仍然处于起步阶段，难以形成规模效应。应该有针对性地加强护理服务产业建设，填补照护人员缺口，提升照护人员的专业素质。护理服务产业的有效发展能进一步促进长期护理保险的稳步推进，实现正向循环。从需求侧来说，家庭中失能人员的出现会降低家庭的劳动市场参与并增加照护服务需求，参与长期护理保险有助于降低家庭因成员失能而造成的经济风险，并平滑各期消费。因此，应当完善长期护理保险制度，鼓励商业长期护理保险开展，同时也需要加大对长期护理保险的宣传教育，使得居民意识到未来对护理的需要并完善个人规划。

如何理解养老保险的精算平衡

郑　伟

2023-09-01

精算平衡是企业职工养老保险制度改革的一项原则。在通常情况下,企业职工养老保险制度应当是自我可持续的,同时政府承担制度转轨和意外冲击的保障责任。一方面,我们应在企业职工养老保险制度设计上考虑自我可持续的问题,不能把未来的责任全部推给政府;另一方面,我们也不能狭隘理解精算平衡,完全让企业职工养老保险制度自收自支,而政府撒手不管。合理的做法应当是,将通常情况交给制度,将制度转轨和意外冲击交给政府。本文谈谈通常情况下企业职工养老保险的精算平衡。

我国企业职工养老保险分为统筹账户和个人账户两个部分，均涉及精算平衡的问题，但侧重点有所不同，统筹账户更侧重于宏观精算平衡，个人账户更侧重于微观精算平衡。

先看统筹账户。统筹账户实行现收现付制。现收现付制养老保险存在一个基本的宏观精算平衡等式，即养老保险缴费率＝养老金替代率×老年抚养比（或养老金替代率＝养老保险缴费率/老年抚养比）。在人口老龄化的背景下，老年抚养比会上升，这会给缴费率带来上升的压力，给替代率带来下降的压力。

举个例子。在养老金替代率为2/5、老年抚养比为1/4的情况下，养老保险缴费率等于1/10（即2/5×1/4＝10％）。如果老年抚养比升至1/2，那么有三种基本思路可保持养老保险制度的可持续（暂不考虑延迟退休等因素）：一是提高缴费率且保持替代率不变，比如将缴费率提高至1/5；二是降低替代率且保持缴费率不变，比如将替代率降低至1/5；三是同时提高缴费率且降低替代率，比如将缴费率提高至3/20且将替代率降低至3/10。

以上三种思路中，第三种思路更加合理，即将老年抚养比上升所带来的影响由退休人口和工作人口共同承担。因为老年抚养比上升通常既源于人口寿命的延长，又源于人口出生率的下降。可以用一个更直观的数字示例来说明。比如某个经济体在第一期人口总数为100，其中20人为退休人口，80人为工作人口，此时老年抚养比是1/4；在第二期，因为人口寿命延长且出生率暂未下降，人口总数增至110，其中30人为退休人口，80人为工作人口，此时老年抚养比是3/8；在第三期，因为人口出生率下降,人口总数降至90,其中30人为退休人口,60人为工作人口,此时老年抚养比为1/2。可见,从第一期至第三期,老年抚养比上升了1/4(即1/2－1/4＝1/4),而这1/4又是由两部分构成的:一是人口寿命延长使老年抚养比先上升了1/8(即3/8－1/4＝1/8),二是人口出生率下降使老年抚养比又上升了1/8(即1/2－3/8＝1/8)。

再看个人账户。个人账户实行积累制,退休时用"个人账户储存额/计发月数"来计算个人账户养老金。其中,计发月数是关键参数,应体现微观精算平衡。计发月数不仅需要考虑职工退休时城镇人口平均预期寿命、本人退休年龄、利息,还应考虑个人账户储存额用完之后是否继续发放个人账户养老金、个人账户余额在个人死亡时是否可以继承等因素。

《中华人民共和国社会保险法》规定"个人死亡的,个人账户余额可以继承",可见个人账户养老金是保底给付的;同时,只要参保人生存,其个人账户储存额用完之后,仍可继续领取个人账户养老金,直至死亡,可见个人账户养老金又是上不封顶的。对于这种保底不封顶的养老金,一是其继承规则需作适当调整,二是其计发月数计算方法应作修订。只有这样才符合精算平衡的要求,才是长期可持续的。

完善多层次养老保险体系

陈　凯

2023-09-20

随着我国人口老龄化进程加速，完善多层次养老保险体系已经成为我国应对人口老龄化战略中非常重要的一环。党的二十大报告指出，完善基本养老保险全国统筹制度，发展多层次、多支柱养老保险体系。我国的多层次、多支柱养老保险体系是以基本养老保险为基础、以企业(职业)年金为补充、与个人储蓄性养老保险和商业养老保险相衔接的养老保险体系。我国自 1997 年实施“企业职工基本养老保险制度”改革以来，一直努力建设政府、企业、个人三位一体的“三支柱”养老保险体系。其中政府提供的基本养老保险为统筹与个人账户积累相结合的方式，企业和个人均采用账户积累的方式。

一、第二、三支柱急需加强

随着我国近年来人口结构的变化，老龄人口占比不断增加，制度内抚养比(参保在职职工人数与参保退休职工人数之比)从1989年的5.39下降到2022年的2.69，预计2050年会降至1.0左右。这极大地加重了第一支柱基本养老保险的基金可持续压力。同时，第二支柱企业年金近年来的发展速度虽然较快，但整体规模还远远不足。截至2022年年末，全国建立企业年金的单位仅12.80万家，相比2021年增加1.05万家；参保人数为3010万人，相比2021年增加135万人。其中，参保人数仅占参加城镇职工基本养老保险人数的6.0%。即使算上参加职业年金的3000多万人，目前第二支柱的参与人数占第一支柱的参与人数之比也才13%左右，暂未起到“支柱”的作用。第三支柱个人养老金账户制度也是2022年年末才开始试点。人力资源和社会保障部最新公布的数据显示，截至2023年6月底，全国36个先行城市(地区)开立个人养老金账户人数为4030万，但目前缴费人数和人均缴费金额仍然偏低。

作为我国第一支柱的基本养老保险的主要目标是“广覆盖”“保基本”“可持续”。近10年来，基本养老保险一直在通过不断地宣传来扩大保险覆盖面，从而为居民提供养老保障。截至2022年年末，全国参加基本养老保险人数为10.5亿，已经达成了“广覆盖”的目标。在待遇领取方面，城镇职工基本养老保险和城乡居民基本养老保险在2022年的支出分别为59 035亿元和4 044亿元，相对应的是城镇离退休13 644万职工和城乡16 464万实际领取待遇人数。城镇职工和城乡居民的年人均领取金额分别为43 268元和2 456元，基本保障了居民的退休收入，“保基本”的目标也基本达成。然而，基本养老基金的可持续问题并没有得到解决，制度内抚养比持续下降，基金的潜在缺口仍然存在。未来基本养老保险可能“独木难支”。同时，与基本养老保险相比，企业（职业）年金和个人养老金在覆盖面上还远远不够。其中企业年金的参与度不高，尤其是民营中小机构参与比例较低。而个人养老金制度自2022年开始实施后受到了社会的大量关注，但经历了近一年的试点后却出现了开户热、投资冷、缴存比例不高的问题。这样的制度安排，很难起到对居民养老收入的支撑作用。

二、多“支柱”到多“层次”

在“三支柱”发展不平衡的背景下，我国的养老保险体系应该从多“支柱”向多“层次”进行转变。在现阶段，需要在养老保险制度设计上明确不同计划的定位：一方面，依靠基本养老保险为居民构建养老保险制度的第一层次，保证基本养老收入水平，由政府托底；另一方面，协同发展企业（职业）年金和个人养老金制度，扩大覆盖面，加强税收优惠政策支持，同时打通第二层次和第三层次，为更多有需要的人群提供额外的补充型养老保障。笔者认为这样做的好处有三点：

第一，缓解基本养老保险的基金压力。长期以来，我国居民退休后的养老收入主要来自基本养老保险，居民对政府提供的社会保险依赖较大。现收现付的基本养老保险基金每年还要按照一定比例上调养老待遇以应对通货膨胀。在老龄化的背景下,这使得基本养老保险基金的支付压力增加,整体替代率呈下降趋势,严重影响了基本养老保险基金的可持续性,也降低了居民对未来退休收入的预期。同时,由于享受第二层次和第三层次税收优惠福利的多为中高收入人群,可以在提高第二、三层次税收优惠的同时适度调整这部分群体的基本养老保险待遇。在基本养老保险为低收入人群提供更高保障的同时,维持整体支付水平不变或适度下调,缓解由于人口老龄化带来的基金压力。

第二,鼓励更多人有效地进行养老规划。从目前的第二层次和第三层次养老保险制度来看,两者都是完全积累的个人账户制度,只是在账户管理和账户投资方式上有所区别。但很多人不能理解两者的特点和区别,更多是被动投资,不知道其真正的作用。具体体现在个人养老金账户"开户热投资冷"的现象,个人并没有有效地为自己进行养老规划。打通第二层次和第三层次,不仅便于在投资管理上进行衔接,通过委托投资的模式,分配基金管理人,可以让更多人了解补充型养老保险的意义。同时,由于目前的个人养老金计划限额较低,上限仅为每年 1.2 万元,对中产收入和相对富裕人群的养老规划贡献不大。如果能和第二层次打通,一些所在企业不提供企业年金的中高收入人群,可以根据自身需求自由加入企业年金。通过税收优惠政策,一定程度上提高了税前养老储蓄的额度。

第三,真正意义上完善多层次养老保险制度。现在很多企业因为税收负担或成本等原因并没有设立企业年金,使得很多个人除基本养老保险外无法获得额外的养老补充。相比有企业年金的个人，造成了制度上的不公平，也影响了个人在不同工作之间的流动性。协同发展第二层次和第三层次，可以吸引更多的灵活就业人员和新业态人群加入补充型养老金计划。在实践应用上，可以借鉴美国的401(k)养老金计划的经验。对中小微机构出台企业年金扶持政策，为新就业形态人群和灵活就业人群设置专门的企业年金，降低这部分人群开设企业年金账户的管理费用。从根本上解决企业年金覆盖面不够、参与率低的问题。只有提高企业年金的参与人数和资金规模，才能真正意义上起到多层次养老保险的意义。

总的来说，我国的多层次养老保险体系才刚刚起步，还存在很多问题。未来，需要在国家老龄化战略的框架中协同发展三层次养老保险，在维持基本养老保险“广覆盖”的同时，进一步普及第二、三层次的养老保险，合理分配三层次养老保险的保障比例，缓解基本养老保险的基金压力，提高第二、三层次的覆盖面，实现多层次养老保险体系可持续发展。

让城乡居民养老保险“从有到好”

郑　伟

2023-11-01

十多年前我国建立城乡居民基本养老保险制度，实现了城乡居民养老保险“从无到有”的转变。当前，城乡居民养老金偏低、与企业职工养老金差距较大等问题日益凸显。下一步，要努力完善城乡居民基本养老保险制度，推动实现“从有到好”的转变。

一是城乡居民人均缴费水平较低，导致个人账户养老金较少。与企业职工相比，城乡居民养老保险人均缴费占人均可支配收入的比例较低。比如，2020 年企业职工养老保险人均缴费为每月 376 元，每年 4 512 元，约相当于当年城镇居民人均可支配收入（43 834 元）的 10.3%。同年，城乡居民养老保险人均缴费为每年 458 元，约相当于当年农村居民人均可支配收入（17 131 元）的 2.7%，远低于企业职工的比例。人均缴费水平较低，导致城乡居民养老保险个人账户储存额增长缓慢、个人账户养老金较低。

二是城乡居民个人缴费年限较短，导致个人账户养老金较少。新型农村社会养老保险制度于 2009 年建立，城镇居民养老保险制度于 2011 年建立，2012 年两项制度实现全覆盖，2014 年两项制度合并实施。由于城乡居民养老保险制度建立时间不长，并且制度实施时已年满 60 岁的居民不用缴费，可直接按月领取基础养老金，因此目前正在领取城乡居民养老金的居民，或没有缴费或缴费年限较短，导致其无个人账户养老金或个人账户养老金较少。

三是城乡居民基础养老金确定和正常调整机制尚未完全建立。城乡居民养老保险的基础养老金在制度建立之初是每月 55 元，2015 年以来逐步提高，现为每月 100 元左右。过去几年间，基础养老金水平的确在持续提高，但基础养老金应当如何确定、应当建立怎样的正常调整机制，仍不明确。这不仅影响了基础养老金水平的正常提高，而且也影响了城乡居民对养老保险制度的信心和参保缴费意愿，从而影响了城乡居民养老保险制度作用的发挥。

针对城乡居民养老金偏低问题，建议考虑以下对策思路：

首先，逐步调整参保结构，缩小城乡居民参保规模。尽快将更多符合企业职工养老保险参保条件的人员纳入企业职工基本养老保险制度，扩大企业职工参保规模，缩小城乡居民参保规模，最终过渡到全国只有一种统一的基本养老保险制度的状态。

其次，逐步提高人均缴费水平。根据城乡居民收入增长情况，逐步提高城乡居民养老保险缴费档次标准，供城乡居民选择。同时，通过差异化缴费补贴，以及较好的养老保险基金投资收益，引导激励城乡居民选择档次较高的标准缴费。争取经过几年努力，逐步提高人均缴费占当年农村居民人均可支配收入的比例。

再次，逐步提高财政补助标准。考虑到城乡居民与企业职工养老保险制度之间的公平性，同时考虑到广大农村居民曾为国家经济社会发展作出的重要历史贡献，逐步提高财政补助标准，最终提高城乡居民基本养老金水平，保障城乡居民老年期间的基本生活需要。

最后，建立健全城乡居民基础养老金确定和正常调整机制。建议中央与地方在实践探索的基础上，逐步形成科学的城乡居民基础养老金确定和调整幅度计算办法，建立健全基础养老金的确定和正常调整机制，确保参保居民共享经济社会发展成果，增强参保居民的获得感、幸福感、安全感。

保险业如何做好养老金融大文章

锁凌燕

2023-11-08

一、积极应对人口老龄化对保险业提出复合型期待

根据中央金融工作会议精神，做好养老金融是当前和今后一个时期的“大文章”之一。同时，这也是金融业为经济社会发展提供高质量服务的重要内容。可以说，实施积极应对人口老龄化国家战略需要有实力、有活力、有能力的金融业作为支撑，保险业也应加大工作力度，切实做好这篇“大文章”。

值得关注的是,伴随老龄化进程加深,社会对保险业提出了“复合型”的期待。通过提供丰富多样、便捷高效、收益稳健的养老保险产品和其他长期人身险产品,保险业可以帮助居民更好地积累养老资产;但如果只是将之视为“养老付款人”,行业的功能和潜力就可能被低估了。国务院公布的《关于推进普惠金融高质量发展的实施意见》(国发〔2023〕15 号)指出,提升民生领域金融服务质量,支持保险服务多样化养老需求。一方面,鼓励保险机构推进供给侧创新,积极开发各类商业养老保险产品;另一方面,支持保险机构在风险有效隔离的基础上、以适当方式参与养老服务体系建设,探索实现长期护理、风险保障与机构养老、社区养老等服务有效衔接。

传统经济理论认为,一个理性人会尽可能将其财富年金化,但事实上人们的财富年金化程度非常低、商业养老年金保险需求相对低迷,从而构成了著名的年金谜题(Annuity Puzzle),大量研究尝试解释年金谜题,指出投资机会成本可能是重要原因之一。相对于养老金融的其他参与主体,保险业的比较优势则在于能够提供终身给付,管理个人生命周期“尾部”的长寿风险;而在持续时间较长的缴费期和资金积累期,影响个人决策更关键的因素是产品的保值增值能力,偏重稳健安全的投资取向,在一定程度上构成了保险在养老金融体系中的“短板”。但也是因为保险业的本职与专长是管理长寿风险,相对于其他类型的养老金融参与者,保险机构有更强的激励去构建医养服务生态圈,助力消费者用好、花好养老钱,更好实现老有所养、老有所乐、老有所为。

二、"保险＋"模式能贡献独特价值

近年来，商业保险机构发挥其作为市场主体的主动性、积极性和创造性，通过战略合作、资本联合、投资自建等多种方式和渠道进入养老服务领域，形成了丰富的"保险＋"模式，对于助力养老服务体系发展发挥了突出且独特的价值，广受认可。

第一，作为"资产守护人"，保险为养老服务体系壮大提供了长期资金支持。养老服务产业投入大、回收周期长，对长期资金需求高；而保险业积攒了大量的长久期资产，有能力成为养老产业发展的助推器。相对于快速的老龄化进程，我国养老服务体系发展还不充分不平衡。根据民政部数据，截至 2022 年年末，全国共有各类养老床位合计 829.4 万张，相对于 2018 年上涨 14.1%，并没有跟上我国人口结构转换的速度，养老服务设施数量少且未实现社区全覆盖，护理人员队伍年龄偏大、职业技术水平偏低等问题也十分突出。更多投入对于增加服务供给、提升服务质量、控制成本水平意义重大。

第二，作为"养老付款人"，保险为养老服务体系提质提供了有效激励。理想的养老服务，应该是以人为中心搭建的，消费者能够在恰当的时点、以恰当的成本、通过恰当的途径获得恰当的养老服务。做到这一点，养老服务至少需要具备"3C"特征：第一个 C 是 Comprehensive，即"综合"。从健康安全的衣食住行，到便捷有效的医疗护理康复，还有舒心愉悦的康乐陪伴，老龄群体需要的服务全面又综合，这需要供给者具备综合性的专业能力。第二个 C 是 Continuous，即"连续"，服务应该覆盖消费者全生命周期，不同类型服务衔接流畅、形成闭环。第三个 C 是 Collaboration，即“合作”，由于服务的多样性，养老服务体系必然涉及多种类型的参与者，高效运转的关键就是生态参与者之间合作协同。保险业作为长寿风险管理枢纽，有激励也有能力践行“3C”目标，促进养老服务向更加深入、专业、精细的方向发展。

三、展望未来还需更多努力

“保险＋”模式实际是将保险业的负债端业务与资产端行为有效衔接、匹配的新型商业模式，其核心是将养老资金与养老资源有机整合起来，以更好地稳定消费者预期、提升其安全性。但必须看到的是，以保险业为枢纽，将综合服务有效衔接、深度融合并发挥最大效应，并非易事。

一是专业服务能力需持续提升。目前，“保险＋”模式快速发展，已经形成了一些具有示范性、可推广的典型案例，但保险业的服务能力建设还需要一定的周期，提供综合、连续、协调的“3C”养老服务还需依赖更长期和更广泛的经验数据积累及生态圈构建。“保险＋”模式虽然承载美好期待，但成功的商业模式还需不断探索。但开始探索的时间越早，制度形式的腾挪空间越大，未来发挥作用的潜力也就越大。

二是跨界经营风险需持续关注。保险业进入养老产业链，固然有条件打造“产品＋场景＋服务”的大养老生态圈，也可以分享养老产业不断成长的回报，但不可否认的是，养老服务业需要长期投资，且投资收益率偏低，目前保险机构“跨界”更多是希望通过养老能力赋能保险主业，实现整体价值提升。而重资产模式资金占用大、盈利周期长，资产负债匹配压力大；轻资产模式下交易对手合作的长期稳定性存在变数，成本可控性较低。

这些都是行业不得不面对的现实挑战。

三是专业人才队伍需持续培育。伴随社会养老相关服务需求日益增加，"提供服务的人在哪里"成为美好老年生活的关键问题。目前，我国养老服务专业人才紧缺。中国老龄科学研究中心 2022 年对 271 家养老服务机构的调查显示，养老服务从业者日均工作时间长，工作任务重，收入满意度低，有 74.9%的机构存在人力资源供应不足的问题，64.2%的机构表示人员专业化程度低、流动性高。难以吸引并留住专业人才，成为供给能力和专业能力提升的瓶颈。如何更好地培育专业人才队伍、完善激励措施，提升行业的社会认可度，也是保险业需要持续探索的领域。

四是养老服务可及性需持续改进。养老产业是典型的服务业，由于服务过程需要服务提供者直接参与，劳动节约型技术应用空间较小，劳动生产率提升缓慢，有质量的养老服务势必会需要更高的成本。但要更好支撑居民幸福感，保险业参与养老服务体系也势必需要关注"下沉"市场、更有效地提供"普惠"服务。基于前期的跨界探索，保险业需要及时总结经验，在更高效率和创新技术的加持下，更多向社区、居家服务体系输出能力，不断提升养老专业服务的可及性。

让农村老年人尽早安享晚年

张浩田

2023-11-15

一、农村老年人的“无休止劳动”倾向

在中国广袤的乡村，老年人面临一个艰难的选择——何时远离劳作的疲惫，享受人生的暮年。第七次全国人口普查数据显示，我国居住在乡村的 60 岁以上人口规模合计约为 1.21 亿人，占乡村总人口的 23.8%。他们当中，半数仍旧活跃在非正规就业领域，这不仅是经济需求的驱使，也是深植于家庭和社会的责任感。根据北京大学开展的中国健康与养老追踪调查

(CHARLS)在2018年收集的数据，在农村地区60岁及以上的人口中，有51%仍处于工作状态，即从事以生计为目的的活动；他们当中，73%仅从事农业工作，8%从事个体、私营经济活动或家庭帮工。这一群体能自主决定劳动供给和退休时间，但由于养老储备的不足和对子女无限责任的家庭观念，他们在一定程度上呈现出无休止劳动的倾向。根据CHARLS在2015年对于仍在工作者计划停止工作时间的调查，60岁及以上的老年人中有72%表示，只要健康允许，就会选择一直工作。此时，健康冲击成为许多农村劳动力“被迫”停止工作的重要原因。截至2018年，已停止工作的农村居民中，有27%由于健康原因离开最后一份工作；在务农或个体经营的农村居民中，这一比例更高达43%。同样值得注意的是，“带病工作”也成为许多农村老年人迫不得已的选择，26%的老年人在过去一年中，有15天以上由于健康原因干不了农活，却仍未完全停止劳动供给。他们当中，有46%所在的家庭人均消费水平低于世界银行提出的中高收入国家贫困线标准(人均生活费5.5美元/天，经过基期购买力平价指数换算并经过CPI调整后，该贫困线在2018年为8 190元/年)。物质资源的匮乏使得农村老年人持续劳动，疾病冲击加剧了这种资源紧张的状况，使其健康状况不佳时仍无法完全停止劳动供给。

二、受社会规范影响的乡村劳动力“退休”决策

尽管农村老年人呈现出无休止劳动的倾向，但已停止工作的老年人，其退休年龄仍呈现出一些规律性特点。我国职工现行退休年龄是男性60周岁，女干部55周岁，女工人50周岁。

事实上，农民和个体经营者等处于非正规就业体系的劳动者，其停止劳动时间不受国家规定的退休年龄约束。然而，根据笔者的统计，我国农村处于非正规就业部门的劳动者，其选择停止劳动的年龄分布仍呈现出在法定退休年龄附近的聚集，表明这种有关退休年龄的社会规范很可能潜移默化地影响了他们的偏好，成为他们退休决策中的“参考点”。根据CHARLS在2011—2018年的调查数据，非正式就业体系内已停止工作的农村男性中，退休年龄分布的最高峰值出现在59—61岁，有10.47%选择在这一年龄阶段停止工作，即呈现出在男性职工退休年龄附近的聚集。相比之下，农村女性的退休年龄分布共有两个高峰，分别出现在49—51岁(9.13%)和59—61岁(8.87%)，即呈现出在女性工人和男性职工两类退休年龄附近的聚集。除职工退休年龄的规定对于农村劳动力退休时间偏好的影响外，这种退休年龄的聚集也可能是由于：一方面，我国自2009年开始实施的新型农村社会养老保险计划规定，农村老年人满60岁后可领取基本养老金，这一政策导致的收入效应可能降低农村地区超过60岁居民的劳动供给；另一方面，由于年龄歧视和劳动生产率的下降，老年人面临的就业机会也在减少，劳动力市场对于超过60岁农村老年人的需求可能大幅下降。由此可见，围绕法定职工退休年龄形成的社会规范在无形中也对农村务农和个体经营劳动者的退休决策产生了影响；相应地，通过公共政策影响这种有关退休和养老金领取年龄的社会规范，也将传导至农村老年人的劳动供给行为。

三、发挥公共政策的引导和保障作用

政府针对正规就业部门规定的退休年龄有助于无形中引导

农村老年人的退休选择，然而，当法定退休年龄与农村老年人预期存在明显偏离时，其引导作用可能不足。例如，农村男性劳动力的停止工作年龄呈现出在60岁退休年龄附近的单峰聚集，而女性则呈现出在50岁女工人退休年龄和60岁附近双峰聚集的趋势，这可能隐含着，在决定退休时间时，一定比例的农村女性劳动力以男性职工退休年龄作为参照。随着我国人均寿命和劳动者受教育年限的延长，女性职工退休年龄偏低的矛盾逐渐凸显，且女职工退休年龄明显低于城乡居民领取养老金的年龄，也容易引起制度间的不平衡。相应地，未来如若实施延迟退休政策，职工退休年龄的提高将传导到非正规就业部门农村老年人的劳动供给停止决策。在设置新的退休年龄时，将适应当前经济社会发展特征的男性和女性劳动力群体预期寿命、教育年限、社会分工等因素考虑在内，也将更好地引导农村老年人适时退休。

此外，社会养老保险制度也可能从社会规范和收入两个维度影响农村居民停止工作的选择。根据我国现行城乡居民基本养老保险制度的规定，参保人未满60岁时须按年缴费、年满60周岁即开始领取养老金待遇，这隐含地将60岁这一年龄分界与“进入退休与养老阶段”联系起来，从社会规范的角度对“在60岁退休”的选择起到了进一步引导作用。与此同时，养老保险待遇领取带来的收入效应有助于改善农村老年人的生活水平，促进其更早、更自由地停止劳动供给。因此，一方面，持续通过“保基本”的社会养老保险待遇发放来稳定农村老年人收入，使其在遭遇健康冲击后不必被迫“带病工作”，或失去劳动能力之后也能获得基本保障。另一方面，针对部分老年人“无休止劳动”的倾向,可以通过一些养老金待遇领取的年龄规定引导高龄老年人更及时地停止劳动,例如保持现有的60岁待遇领取年龄规定和基础养老金待遇水平调整节奏,并进一步增设更高的年龄作为更高待遇水平的领取门槛,即超过这一个(或多个)更高的门槛年龄后每月可以领取更高水平基础养老金,从而支持和引导健康状况比较脆弱的高龄老年人停止劳动供给,避免持续劳动带来的健康状况进一步恶化。

让“灵活退休”的农村老年人真正安度晚年,我们需要一个更加完善的公共政策框架,既考虑社会规范的引导作用,又提供基本的经济支持,以确保每一个辛勤工作一生的农村老年人都能享受到晚年的安宁和尊严。

做好养老金融这篇大文章

郑　伟

2023-12-01

2023年10月，中央金融工作会议将养老金融作为金融业要做好的五篇大文章之一，凸显了国家对养老问题的高度重视。

进入21世纪后，我国人口老龄化速度明显加快。2000年，我国60岁及以上人口占总人口的比例为10%，进入轻度老龄化阶段。根据预测，到2023年年末，我国60岁及以上人口占比达20%，进入中度老龄化阶段。到2035年左右，我国60岁及以上人口占比达到30%，进入重度老龄化阶段。也就是说，我国老年人口占比从10%到20%用了23年的时间，而从20%到30%只用12年左右的时间，仅相当于前者的一半。

在人口老龄化进程加速的背景下，金融如何为养老提供高质量服务，如何做好养老金融这篇大文章，是一个需要系统研究的时代课题。养老金融是与养老相关的资金融通活动的总称，主要包括养老金金融、养老产业金融。养老金金融和养老产业金融分别对应养老保障的两个方面，前者对应养老经济保障，后者对应养老服务保障。

从养老金金融看，发展多层次养老保险体系对养老金融提出了更高的要求。如果只有第一层次基本养老金，由于其以现收现付制为主，那么对养老金融的要求不算太高。但是，如果发展第二层次职业养老金（包括企业年金、职业年金）、第三层次个人养老金和其他商业养老金融，由于它们基本属于完全积累制，而积累制本身涉及跨期资源配置，属于典型的金融，那么对养老金融的要求自然就更高。

从养老产业金融看，实施积极应对人口老龄化国家战略、发展养老事业和养老产业，也对养老金融提出了更高的要求。国家提出加快构建居家、社区、机构相协调，医养康养相结合的养老服务体系；加大基本养老服务和居家社区养老服务推进力度；加强县乡村三级农村养老服务网络建设等，这些工作都需要金融的积极参与和支持。比如，2023年11月，国家发展和改革委员会公布《城市社区嵌入式服务设施建设工程实施方案》（国办函〔2023〕121号），要求“发挥各类金融机构作用，按照市场化原则为符合条件的社区嵌入式服务设施建设项目提供支持”。如果服务设施建设项目属于养老服务项目，那么为该项目提供支持的金融就属于养老产业金融的范畴。

在发展养老金融的过程中,需要注意把握好以下三种关系:

一是把握好养老与金融的关系。在养老金融中,实现更好的养老保障是目的,金融是实现更好养老保障的一个工具,不能本末倒置。发展养老金融,其根本目的是服务养老保障,而不是服务金融发展。当然,如果养老保障做好了,长期稳定的养老资金供给增加了,那么我国金融市场结构也将更加合理,金融市场也将更加完善。

二是把握好养老金金融两个阶段之间的关系。养老金金融通常包含两个阶段,一是积累阶段,二是领取阶段。这两个阶段同等重要,不可偏废。在积累阶段,主要强调长期投资收益,即从缴费至退休,在风险可控的前提下,尽可能多地获得养老账户的长期投资收益。在领取阶段,应当强调长寿风险管理,即对因长寿而使财务资源枯竭的风险进行有效管理,秉持专业理念,鼓励实行终身领取。

三是把握好政府在养老金融供需两侧的角色。在需求侧,政府的重要工作是养老金融的消费者教育。在供给侧,政府角色内涵有变化。随着多层次养老保险体系发展,政府替代市场的责任有所减轻,但监管市场的责任显著增强。